故事里的教师成长秘密

何 捷/著

图书在版编目（CIP）数据

故事里的教师成长秘密 / 何捷著. — 上海：上海教育出版社，2023.9
ISBN 978-7-5720-1820-6

Ⅰ.①故… Ⅱ.①何… Ⅲ.①师资培养－通俗读物 Ⅳ.①G451.2-49

中国国家版本馆CIP数据核字(2023)第162250号

责任编辑　李　航　马佳希　殷有为
美术编辑　周　吉

故事里的教师成长秘密
何　捷　著

出版发行	上海教育出版社有限公司
官　网	www.seph.com.cn
地　址	上海市闵行区号景路159弄C座
邮　编	201101
印　刷	上海叶大印务发展有限公司
开　本	889×1194　1/32　印张 6.625
字　数	120 千字
版　次	2023年9月第1版
印　次	2023年9月第1次印刷
书　号	ISBN 978-7-5720-1820-6/G·1662
定　价	45.00 元

如发现质量问题，读者可向本社调换　电话：021-64373213

目 录

写在阅读之前：改变，从阅读这本书开始   001

1. 不可依赖的"新手运气"   004
2. 发现别人的"了不起"   009
3. 不要相信广告   014
4. 干掉你的宠儿   019
5. 原来你什么都不知道   024
6. 控制好你自己   029
7. 准备跑人生的"马拉松"   035
8. 获取"真经"   040
9. 明天会更好吗？   045

九九归一：不做稀里糊涂的人   050

10. 不做大哥好多年   053
11. 没有烟抽的日子   058
12. 请抛出你的"铁球"   063

13. 对你有益的"慢半拍"	068
14. 最好的往往看不到	073
15. 没人能一个人走向成功	078
16. 心急吃不了热豆腐	083
17. 在很久很久以前……	088
18. 奖励是空头支票	093
九九归一：让你进步的"秘籍"	**098**
19. "臭皮匠"也要有春天	101
20. 现代版的"桃园结义"	106
21. 失败的风险有多大？	111
22. 你是我笔下的"想当然"吗？	116
23. 看到的未必真实	121
24. 落入凡间的"佛祖"	126
25. 你以为你是谁？	131
26. 找人给你挑刺	136
27. 你是食尸蟑螂吗？	141
九九归一：混沌中看到的光	**146**
28. 别拣软柿子捏	149

29. 为什么受伤的总是我?	154
30. 上管天,下管地,中间管脾气	159
31. 不要被"套牢"	164
32. 不再郁闷的"中等"	169
33. 山雨欲来风满楼	174
34. "状元"崇拜	179
35. 环境就是教育力	184
36. 不存在的"零风险"	189
九九归一:走,往前走	194
写在掩卷之后:快乐,需要守护	197

写在阅读之前：
改变，从阅读这本书开始

何 捷

此书于 2023 年再版，此时，我已经从教 30 年，是大家口中的"老教师"。重新修订时，我幸运地瞥见了自己的青春岁月。成长，原来是这样的……

教师要成长，首先靠阅读。

这句话，我奉为真理。但是你完全可以质疑，人类历史上曾经有那么多的"真理"，如今都被证明是一叶障目。

好吧，当你看到这句话的时候，我相信你已经产生许多质疑。有可能你所取得的成就，就是靠除阅读外的各种"野路子"；你所见的那些"不按常理出牌"的人已经远远把你甩在后头……而你，还傻乎乎地在这里阅读这些文字。此时此刻，你是否在想：阅读，究竟能给你带来什么呢？

不管怎么样，阅读这本《故事里的教师成长秘密》，也许能改变你的命运。特别是，如果你想要在教师职场中干下去，干出特色，干出精彩。

当你看到以上这段话的时候,这本书已经躺在了你的书桌上。其实,这就是进步的开端。从现在开始,我要成为一个讲述者,和你分享我在从教的前二十余年中所犯下的无数愚蠢的错误。它们都是价值连城的东西。我就是通过不断反思曾经的错误,慢慢获得进步的。

有人说:四十岁,是人生之路的"中点"。之前,一路向上;之后,都是下坡路。体力、精力、憧憬、干劲、欲望,甚至连抱怨的力气都没有的时候,你还指望奇迹发生吗?所以,最大的愚蠢是和我一样,直到"中点"过后,才知道亲近阅读,才知道要靠大脑来指挥行动,才知道和自己的愚蠢说再见。

相信吗,很多时候,我们是"用屁股来指挥言行"的。思维,离我们很远。而我们总是要承受愚蠢带来的各种损失。有时候,几乎是致命的打击……

我即将和你分享的,是你职业生涯中可能会遇到的事,我将帮助你在错误发生之前建立正确的认识。前提是,你要阅读这本书!

20世纪90年代初,我18岁的那一天,仅仅凭着儿时阅读的故事、小说、零星的文字,三年中师学到的皮毛,外加超过一百分的热情,走上了教师这个岗位,而且是一步踏入省级顶尖名校。在这个小社会中,每天上演着大社会中所能见到的悲喜、善恶、美丑、雅俗……让我切身感受什么叫"人生如戏"。如今的你和当初的我,是否有相似之处呢?几种相似因素的叠加,注定着无数愚蠢的错误即将诞生。没有海量阅读的支撑,就没有理性的思考。没有理性的思考,热情的冲动就成为肆虐的魔鬼,让你在他人眼中成为一个胆大妄为、轻浮高傲的人。最可怕的是,这种情况下你还端着学院派的架子,自以为"英雄无用武之地"……

一线从教23年后,我成了省会城市的一名语文教研员。

我现在是一名大学老师,在研究所从事专职研究工作。

很难说,还有什么变化,也很难说,哪个时期的我才是英雄,也许,我也是——连英雄长什么样都不知道。

规避愚蠢的最佳方式是"借鉴经验+理性思考"。经验,我有一些,而且我愿意真诚地、毫无保留地把最糟糕、最见不得人,同时也是最宝贵的"失败的经验"告诉你,它们值得借鉴。理性,我们都可以有,就是靠阅读培养。所以,在你即将阅读的这本书中,你会看到许多让你清醒的道理,它们大多有心理学、管理学、社会学、哲学、美学的背景。请不要怀疑,作为一线教师,我的学养并不足以为你杜撰出这些学理,我就是靠阅读和选择。我能做的就是结合最有价值的、活生生的案例,让你在愚蠢找上门来之前,干掉它们。

总是想:如果18岁刚入职那年,我读到这本书,今天会是什么样?无法想象。

你也可以想一想:读了这本书,18年后的你会是什么样?或许更是无法想象……

1. 不可依赖的"新手运气"

谈论教师的成长,应从新入职开始。阅读的这一刻,你和我是同行。也许,你也是一名班主任,教语文。但这有什么关系呢?只要我们从事同一职业——教师,我们就有交谈的可能。

新出炉的概念

刚入行,一切都是新的。办公室里的同事私下叫你"菜鸟",但你一点都不介意。因为有很多人告诉你,当"菜鸟"其实挺好。特别是有一个让你陶醉痴迷的词——新手运气。

顾名思义,只要你是新手,你就是运气之神的宠儿,做什么都如有神助。"新手运气"就是专属于新手的"运气"!

的确,新手是有运气的。第一次搓麻将,你就能拿到天牌;第一次抽奖,特等奖就在众人诧异的目光中被你获得;第一次抽签选班级,可能全年段最优秀的班级就落入你的囊中;甚至第一次月考,你莫名其妙地拿下年段桂冠……

经不住这样的刺激,你越来越认定,那就是传说中的"新手运气"。

1. 不可依赖的"新手运气"

辛辣的故事会

在你依赖它之前,和你分享我妈妈的故事——

原先,我妈妈也是一个"新手运气"的信奉者。她从工厂退休多年,但进入"基金市场"还是新手。刚入市的一段时间里,她几乎买什么都涨。每次从交易中心回来都喜气洋洋地和我们述说,话题永远都是一笔简单的加法:一次收入相当于原先工作多久的工资总和。但很快,所有的基金都被套牢,她再也不必去交易中心了,只需从每月寄来的苍白的账单中就知道,拿回本金遥遥无期。原来,之前赚钱的并非她一人,几乎每个人都是买什么涨什么,而没有及时抽身而退的,无一例外,全部被套牢。

我也曾是个新手。

在我第一年工作时就代表学校参加福州市的教学比武,意外获得一等奖。那种欢喜是无法言表的,那时我甚至还没有转正,是个见习教师。我开始迷恋"新手运气"。紧接着第二年,我就准备代表福州市参加福建省的比赛,我坚信有"新手运气"的庇佑,一切没问题。

猜猜我的运气怎么样?

赛场上执教的是《蛇与庄稼》,我居然将原本该与"蛇"和"庄稼"一一对应的图片贴反,而且还比画着这样的贴图讲了一段"蛇与庄稼"之间的关系。名落孙山是必然的,是"新手运气"让我放松了警惕。

好啦,其实不论是"菜鸟"还是"老鸟",都没有可以依赖的运气。你并不是什么灵童转世,幸运之神不能总眷顾你。特别是新手,麻烦你们靠谱一点。

馨香的借鉴

新手,你所能依靠的,别无他物,只有学习。你一定会说这是"老话"。从现在开始,请你重新认识"老话",也许这是你安身立命之本。

印象特别深的是,1994年我成为一个新手,入行之初我就把自己当作"狗仔队员",盯梢的"明星"就是我师傅——老班主任。

别以为跟班学习就是跟着老教师到各个班走走。我可是做到了"眼到、耳到、嘴到、手到、心到"。

首先是看,细致地"四处看看"。看班级的卫生角:垃圾入筐的情况,卫生工具的摆放,卫生角的清洁状况。看教室黑板:黑板角落的通知栏有何内容?黑板上能找到什么班级管理的特色?黑板上是否遗留了陈旧的教学内容?看教室墙壁:有哪些学生作品展示?有什么班级特色文化?有哪些新旧污痕?这三处都是班级管理"会说话的地方",我看得格外用心。此外还有关键的"第四看",结合活动看老班主任如何运筹帷幄、掌控大局,如何合理布置、从容淡定。看后必有收获,我的班级管理有了精细化目标,也正是这些细节使班级变得有序。要知道,这对于一个大大咧咧的男班主任来说,实在可贵。

其次是听,随时随地倾听。跟班学习时,我特别注意在办公室里、在老教师身边听。听大家谈天议论,各班的情况略知一二;听班主任叙述典型个案,以了解儿童的特殊秉性,也偷学些许班主任的看家绝学;听师傅的专项班会课,在教学程序、活动设计、课堂组织、节奏掌控等方面,也能粗浅地学到几招。有时候没的听了就主动询问后再听:问问个案处理,问问生管细节,问问学校的活动设置或是惯例。

老教师大都是"活雷锋",每逢青年询问都细致入微地回答,就怕你开不了这个口或是言者有意,听者无心。我发现,听就是最为高效的学习模式。有一段时间让我特别郁闷的是老发脾气,控制不住,就主动请教老教师,得到一个法宝:批评班级中孩子的时候,要当自己的儿子也在场。我至今还记得老教师的话:儿子在场,你不愿他看到父亲狰狞的面目,听到恶劣的话语,你不会愿意在顷刻间摧毁自己好不容易在他心中建立起来的亲善形象;你会担心自己的言行对儿子有恶劣影响;你会害怕孩子从此不敢亲近你;你会觉得儿子没有犯错却在旁听你的呵斥是不公平的;你会认为让他被迫为怒斥声所吸引,打断了思路,浪费了时间;你会为此感到羞愧、后悔,也许会更加愤怒,怒的是自己为什么这么冲动,有事好好说,没看到儿子在场吗?当作儿子在场确实是制怒良方。

还有个新手必备宝典——记录本。事无巨细,记录在案:学校要求、任务布置、点滴收获、灵光闪现、得失经历……记录本就是你的第二大脑,也是你成长的最佳伴侣。至今我还随身携带着本子,零散地记录着,并已养成习惯。

这几年我习惯写作,多亏了身边常备着记录本。只要有一点灵感,就马上记录下来,回家后立刻写成文字存档。也就是靠着这个土办法,我至今已经出版了十余部个人专著。有时候偷懒,没有记录,回家后就怎么也想不起来,写作的激情也就没有了。

就这么简单,还是那句"老话"——好记性不如烂笔头。现在,开始相信"老话"的威力了吗?

心灵的贴士

任何依赖都只是一厢情愿的愚蠢。

2. 发现别人的"了不起"

觉得自己"了不起"吗？这个问题困扰着每个人。如果没有，有人说你缺乏自信；如果有，有人说你过于高傲。问天，问地，问自己：该怎么看待自己？

新出炉的概念

如果你真觉得自己特别"了不起"，可能受了"禀赋效应"的影响。

简单说，禀赋效应就是说一个人拥有某项物品后，他对该物品价值的评价要比拥有之前大大提升。这里出现了"价值""物品"等，没错，禀赋就是一个经济学领域的概念。

现在，作为自我的拥有者，请你好好评估，看准自己的价值，给自己估个价吧！

当然，你不是商品，价码自然不能用货币来称量。身在教育岗位的你可以这么想：你觉得你能胜任什么样的工作？能负担什么样的重任？能比办公室里的同行优秀多少？将来，你的成就能在什么样的位置……

如果得到一个让自己欢喜的结果,没事先偷着乐吧!如果得到一个惨不忍睹的结果,也请先听故事吧!

辛辣的故事会

住了大半辈子危房,也想改善生活。苦于不懂装修,决定购买二手房。总觉得二手房应该比新房便宜:式样,旧的;装修,旧的;即便有赠送些家具、电器什么的,也是旧的,几乎可以忽略不计。和房东谈了一上午后发现,我天真的想法是大错特错——二手房,一点都不便宜!而且,几乎所有的房东好像都是接受过培训的,对买房的人爱理不理,总喜欢摆出一副极不情愿的样子,外加一句话:就这个价,你自己考虑。

拍卖会上也常有禀赋效应在作祟。经济学上认为:拍卖会的赢家是经济上的输家。每次为将要拥有的物品付出的,都远远超过物品的价值。但是,这些额外的付出,是会转嫁到下一次拍卖的赢家身上的。因为,当这个物品成为你家中所藏时,它又会在禀赋效应的作用下"增值"。

我很早就获得了所在地市、省份的赛课冠军。后来,连同着阅读、作文、教师素养三项比赛一并拿下省级大奖。再后来,在全国赛上,也获得了特等奖。因此,很长一段时间,我被禀赋效应所影响,没有看清自己。总觉得参赛得奖,这个结果足以证明我是最棒的。所以,目空一切的豪气逐渐成为霸气。青年,一旦

2. 发现别人的"了不起"

有了霸气就浮起来了。站在云端看周围默默无闻工作的同行，总觉得他们和我不在一个档次上。

记住，心里轻视别人，别人是可以从你的眼睛中看出来的。所以，即便你不说，或者你说的都是客套话，"群众"也会在适当的时候让你感受到"群众的呼声""群众的力量"的。那时你才发现什么叫势不可挡！

可是，没有发现自己的特长，不能在工作中有突出表现，很快也会被埋没在人海之中。怎么办？

馨香的借鉴

特长，就是你修炼的结果，有没有发现不要紧，其实每个人都有只属于自己的特长。问题的关键在于你是否懂得"藏"。特长，好像是你的宝贝，不能总拿出来炫耀，"藏"就是一种养、一种炼。小时候很多人和我说要"韬光养晦"，我不明白。后来读老庄，知道"和光同尘"，但我也不理解。现在后悔晚了。

藏，不代表不会。有些人生怕藏了就没有机会，藏了别人就看轻自己。绝对不可能！当然也要避免一种情况，那就是把"藏"当作"放弃"。例如我的师范同学，读书时个个能书善画。十年后大家相见，问起还有谁能提笔，都把头摇得像拨浪鼓一样。真的藏，是暗暗练习，是坚持不懈地下苦功夫！有趣的是，二十年后我们师范同学再相聚，还是老问题，连我也摇头说：久不碰笔墨啦。瞧，我也着了道。可见，真正的藏，是极为有毅力的表现。你可以"三年不鸣"，但要有志向"一鸣惊人"。"一鸣惊人"前提是要藏，藏后的露就会带来巨大的反差和震撼的效果。

藏，还要耐得住寂寞。例如，你擅长绘画，不需要时时在黑板上留下痕迹，你可以在业余时自己练习，展示的机会很多——班级黑板报布置、学校文化墙装饰等，但不要轻易显山露水。这也是一种心态的修炼。寂寞的时候，正是你观察周围的时候，是你衡量自己水平的时候，也是你积蓄力量的时候。寂寞，是王者才配享受的人生之美。曾仕强老师说他参军的时候会写大字，于是班长有事没事就让他写大字。他后悔自己当初露得太早，耐不住寂寞。后来他闭紧嘴巴潜心学习《周易》，最后成为海内外华人公认的易学大师。

"最难耐是寂寞，最不舍是荣华，从来学问欺富贵，真文章在孤灯下。"

藏，为的是用。藏到该用的时候要拿出来用，不要让本事发霉。小时候家里穷，偶尔有朋友送来好东西，总舍不得吃。藏得深了，最后自己都给忘了，等到拿出来的时候，已发霉变质，只能扔掉。本事也一样，该出手时就出手。

除了藏，你还要发现别人的"了不起"。

你要学会细心观察，每个人都有值得你学习的地方，这些地方就叫"了不起"。一字之师，一技之师，一言之师……只要有一

2. 发现别人的"了不起"

丁点儿优于你,就很"了不起",就值得你好好学习。学习,得益的是自己,从来不吃亏的!

学习,不能停留在口头上。见面总是"你好棒啊""你很了不起",这很容易让人反感。学习的三字经就是"贴""问""仿"。贴近,表示你的诚意;求教,追根溯源,发现要义;实践,从模仿开始,最后做你自己擅长的、适合的,把他人的优势和自己的气质相融合。你就变得越发"了不起"啦。

不过,模仿毕竟只适合初学者,还是希望大家很快把这根"拐杖"丢掉,尽快走出一条属于自己的特色之路。看好自己,别人才能看好你!

心灵的贴士

禀赋,与生俱来。你有,他有,人人都有。看清楚别人很难,看清楚自己最难。

3. 不要相信广告

这次专门和大家说说怎样确定自己的研究方向。注意,这可能是一辈子的事。所以,起步要慢,选择要准,不要看广告,一定要看清自己。

新出炉的概念

小时候经常看洗发水广告,总觉得广告中的头发简直是丝绸。身边的人,还有我自己,为什么都没有这样的发质呢?于是,赶紧买来这个牌子的洗发水,好好洗,每次做足步骤。我一心期待在某一次转身时,发梢像紧贴着脸颊下滑的丝巾一般,带来丝滑柔顺的感觉……

梦醒的时候,就发现自己的头发掉落许多,已经是典型的M型发际线,成了"麦当劳"的代言人。广告的暗示效应,影响了我的选择与判断。广告效应就是通过广告直观的刺激,给消费者带来直接的、强烈的暗示和引导,让其相信广告描述的功能、信息。

商家常用广告带给消费者巨大暗示。广告通过非常直观的展示,让你看到效果,同时也产生愿望、倾向,其实就是一种盲目的冲动,直至你付出行动。最终真正收到实效的有几个?大家心里清楚。那几个做广告的大明星,有没有一些后悔我不知道,只是替他们害臊。

有句话叫"中了广告的毒"。"服毒"的时候,你是带着笑,心甘情愿,义无反顾的。也难怪,广告商砸了那么多钱,就为了你能这般死心塌地,从这个角度思考,你们俩是周瑜和黄盖的关系。

辛辣的故事会

广告带来的效应或是暗示,对于内心强大的人来说,可以避免。

选择,就在于你自己。

拿名校的优秀说事,因为这个大家都有体会。现在许多全国级的名校也会打广告:这里的毕业生有多么优秀,我们的师资有多么优秀,我们的办学理念有多么优秀,优秀就是我们的招牌……你目之所及都是"优秀"二字。

再想一想,优秀其实不是因为广告,而是一种选择。学童入学时就挤破头,优质生源不断输入,优秀有了初始的保障;教师招考时,考分领先的优先选择名校,再次给予名校有力的支撑;各界关注、机会给予、锻炼的频次大大多于一般校,名校得到无微不至的呵护;优秀的成绩频出,又一次反证优秀……但是,当你置身名校的时候，你会发现：怎么这里也有"这样"的情况？请允许我省去对"这样"的描述，我只要表达一个观点：优秀，是你的选择视角。我相信，这个意思你懂。

在一般校，也不乏优秀的学童、教师，好成绩、好素质的大有人在，但你视而不见。我们习惯有选择地看，忽视我们不愿意接受的信息。

就像洗发水广告。拍摄的明星原本就有乌黑亮丽、丝般柔滑的美发，不是靠洗出来的。优秀的发质，是明星原本的属性，和洗发水无关。可以说，拍摄洗发水的广告商是不会选择我这个半秃去的，即便我承诺终身使用他们的品牌。

现在，清醒没有？优秀，其实就是一种选择的结果。变得优秀的过程被隐藏，给你看的只是结果。你还偏偏就喜欢看结果。但只看结果，你离优秀就会越来越远。所以，当你看到别人那么优秀的时候，不要盲目地说：请告诉我你成功的秘密，我也要像你一样。

没有一种优秀可以照搬！只有做好你自己，作出正确的选择，优秀才有可能降临。

馨香的借鉴

选择的依据是什么，不是趋利避害，也不是权衡得失。

选择，应根据自己的气质。我最早获奖的课是阅读课，但是

3. 不要相信广告

最后我选择在作文教学上深耕细作，一干就是二十年。从最开始设计"游戏作文""百字作文"，直至我成为教研员，只要在一线，我永远坚持实践。我天性活泼、外向，喜欢和儿童交往。这些都是融入儿童世界，连接成人与儿童言语表达路径的基础。这样的我，更容易与儿童有同样的感受、同样的话语、同样的思维方式、同样的心灵感受。感同身受，让我们打成一片。所以，我的习作课很受儿童欢迎，他们没有感觉是在上课，而是感觉在游戏。

这样的例子很多。执教的前几年，我的作文实验课题就是"游戏作文"，这也是因气质决定的。

我天生就带着些许幽默气质。我将这样的气质融入课堂，特别注意在写作教学中注入幽默元素。这样一来，我的作文课有游戏活动，学生喜欢参与；活动激发了学生的写作热情，容易动笔；写完之后依然回味无穷，留下永久的记忆。长期用游戏教作文，我慢慢地改变了学生对写作的认识。不少学生毕业后回想：小学时，最有意思的就是作文课。写作成了最甜美的回忆。但游戏作文的推广也并不是一帆风顺。游戏的气质和当时的教学评价观念有冲突，实践过程也备受争议，很多人甚至直接问：作文怎么能游戏？作文是很严肃的事情。

一路行走，我当作修炼。吃多少苦都愿意，因为这都是当初的选择。选择，也可以看作是一种"通神"之路。"通神"即六祖慧能提出的禅宗修炼"顿悟"说,是修行到一定境界的必然结果。古人把修行分为五个阶段:斋戒、安处、存想、坐忘、通神。如果你能切实做好前几步,通神之境也自然水到渠成。

选择,还可以随时调整。这里的调整不是东张西望,左右摇摆,而是根据自己的选择不断深入,走向细致、扎实。探索无止境,不要被自己早先的想法所限制。调整与改变足以证明你的果敢,这也是优秀的品质。例如我在作文教学上最早提出的就是"快乐写""自由写",但只要快乐和自由,怎么写都可以,那儿童难免放肆起来;后来,我提出了"游戏作文"和"百字作文"这两个系列的研究课题,至少坚持了十几年才取得一些成果;迭代后的"写作教学进行时",从单纯的形式改良到一种教学流派的构建,我在推翻自己、重构自己,这就是我说的"调整"。让自己的选择与时俱进,更加契合。

心灵的贴士

齐白石说"学我者生,像我者死"。模仿就是生死的纠结。与其这样,不如研究自己,作出恰当的选择。

4. 干掉你的宠儿

作家亚瑟·奎勒·库奇有一句话值得在你即将作出选择时念叨：干掉你的宠儿。他说这句话的原意是针对创作的。不少作家不舍得删除已经写下的东西，将其视为宠儿。这样的作家，要读《红楼梦》，向曹雪芹学习——批阅十载，增删五次。

想想看，曹雪芹在"干掉宠儿"的时候，心是不是在泣血？经典与你的选择，都是值得你付出苦痛的。

新出炉的概念

让我们从"宠儿"说起。这个概念你不会陌生。

凡是你挚爱的，满腔热情参与的，费尽心血写就的，付出煎熬完成的……都是你的"宠儿"。你可能是一个"繁殖"能力特别强的人，宠儿众多。没关系，这一点也不会产生负面的影响。

但是，上一篇我们说到的"选择"这个宠儿是个特例。在你遭受百般苦痛、折磨后，终于拍案而起，高声呐喊，向自己的内心、向全世界宣布你的决定：我的宠儿，已经诞生。从现在开始，我要把他养大……

打住,稍等。这一篇,我对你即将作出的"选择"提出建议——干掉你的宠儿!

"干掉",你可以看作是重新选择,也可以看作是再思考、再掂量、再斟酌、再调整……可以询问前辈,可以找几个好朋友聊天,还可以参考一下当下的状况。如:有多少人从事相同的研究?目前国内外的研究前沿是什么?哪些人是行业内的翘楚?至少,在你想要研究的方向上,你要收集资料,收集到尽可能多的素材。

我致力于小学作文教学研究,看到相关书籍,只要题目靠边了就买。买到最后,送快递的小伙子都知道了我的职业。几次的接触后,他和我有些熟悉了,一次送货时说:"傻子都知道你就是老师,每次都买同一类书。"

我不是傻子,就是执着而已。因为这是我的选择。

辛辣的故事会

先说一个小故事。原先大家以为天鹅都是白的。后来有人看到一只黑天鹅,就足以证明"天鹅都是白的"这句话不成立。

如果你要考量你的选择是否值得付出一生的努力,就请从寻找"黑天鹅"开始。我知道很多时候,"白天鹅"太多、太强大,寻找那只臆想中的"黑天鹅",可能会成为笑话。

但只要你找到了,就能让笑话你的人成为笑话。

4. 干掉你的宠儿

再说一个大家一定会遇到的事——写论文。

我早先写了不少"论文",几乎都是这个套路:开宗明义阐述观点,之后是举例子,"首先""其次""然后""最后"地说上一通,结尾时再次强调说过的观点。收工!看上去很美,其实经不起推敲。如果你一味照着我的意思想下去,好像真有这个道理。但只要你从反面想一想,我说的就不堪一击了。不仅是我,很多教师的"样板论文"都这样——一阵风似的说一个意思。例如,一段时间说"语文是交际工具",之后强调"语文是思想的载体",然后"语文是工具性和人文性的统一"的观点又顺势而出……在专家强调某一种观点时,反面的声音绝对没有话语权,而大家也习惯选择强势的声音。

跟风写下的"论文",会成为自己都不愿意看的文字垃圾。

我阅读过部分翻译自国外的教育学专著,发现一个有意思的特点:整部书中大量的内容是数据,是对实验过程的描述,是对前人研究结果的引述。说实在的,第一次看到时,我觉得不可思议——这也算是书?甚至看不到明显的结论。但往往是这类书中陈述的观点,长时间留在业界研究体系中,不易过时。

馨香的借鉴

选择之后,你一定要反向作考量。一旦作出决定,很可能耗费的是你最宝贵的人生时光。

例如，我选择作文教学为研究的方向，就可以反向驳斥自己：作文教学真的有研究的价值吗？阅读教学就可以放弃吗？这个研究真值得付出一生的心血吗？……在一次次反驳自己的同时，你可能会看到两条路。其一，自己原先的选择是那样的无知和脆弱；其二，原先的选择简直是妙不可言。

脆弱是因为你的选择是冲动的、片面的、狭隘的。反向思考让你清醒，你也能在整个反向思考的过程中得到新的启发，找到新的出路。而感到妙不可言的原因很多。也许你的选择就是贴切的、适合你自己的，这是心灵感应时的美妙律动；也许你发现这是一个广阔的空间，天生喜欢探索的你就像一个探险者一样，在即将进入未知领域时充满惊喜；也有可能你发现前途坎坷，但酷爱挑战的你会因此兴奋不已……

怎么看，"反向考量"都是不错的决定。

最可贵的是，反向考量能让你发现研究中最有价值的切入点。

达尔文善于用这样的方式思考问题。他的大脑中一旦产生两种不同的观点，或是新的发现正好和已经研究的结果相悖的时候，他会立即记录这些信息。因为他觉得人的大脑会在30分钟后主动忘记这些有悖于自己定论的信息，趋于信奉自我。而这些针锋相对的信息，正是推动研究不断深化的重要动力，也是研究领域不断拓宽的切入口。

4. 干掉你的宠儿

我在作文教学研究中曾经主张作前指导,后来有人提出"作前不需指导,作后评讲才是真正指导"。两种观点完全相左。于是我针对两种观点作了对比,不断探究,付诸实践。整个思量和考证的过程为我打开了一扇新的窗户,开启了我的写作全过程指导的新主张研究——写作教学进行时。

摇摆选择,放弃研究,屈服于他人观点,一味固执己见,都没有好结果!

心灵的贴士

选择,就是少和他人作对,多与自己作对。

5. 原来你什么都不知道

苏格拉底说："我只知道一件事，那就是我什么都不知道。"在当时，苏格拉底的学识得到社会公认，是青年们的偶像，是大众的楷模。如果比拼粉丝占有率的话，应该是无人能及的。

这样的一个大学者居然说自己什么都不知道，谁还敢说自己知道？

有，大有人在！一些青年教师常常大言不惭道："我知道的不少哦。"

新出炉的概念

别的不说，单就是那些和教育有关的"知识"，教师朋友们一定觉得自己知道不少了。当初我刚走上工作岗位时，也有这样的幻觉。似乎，我掌握了和教育有关的所有知识，毕竟经过专业、系统的学习。

其实，"知识"本身就应该是不断更新、换代，甚至被抛弃、被颠覆的。曾仕强老师曾说："知识，是折旧最快的东西。"

5. 原来你什么都不知道

辛辣的故事会

大音希声，大象无形。有真学问的人，往往觉得自己什么都不知道。而你，如果觉得自己无所不知、巧舌如簧的话，先看看这个故事。真假暂且不论，其中意思值得你好好琢磨——

马克斯·普朗克获得诺贝尔奖后，应邀四处演讲。他的专职司机听了几场报告后，对普朗克演讲的内容已经耳熟能详了。慕尼黑的演讲在即，司机提出自己来试一试，让普朗克扮演司机。大科学家童心未泯，答应了这一请求。

于是，演讲顺利进行。司机的口才出众，又加入了一些鲜活的社会实例，比科学家所讲的更加幽默，赢得了阵阵掌声。可到了提问环节，大家抛出的是量子力学上最专业、最前沿的问题，司机答不上来了。

想一想，如果是你，会怎么办？

司机轻松地指向普朗克说："这个简单的问题，就请我的司机来回答吧！"

你是不是有点像这个鹦鹉学舌的司机，其实根本没能触及学问的深层？不要被众人的夸奖所迷惑，也不要沉醉在掌声中。看清楚自己，很多时候，你只不过是有些小聪明而已。小聪明，上不了大台面。

我也有过类似的教训。

有一次，我到厦门参加首届担当者公益教师培训活动。各地的讲师在到达的当夜就围坐在望海楼屋顶闲聊,话题涉及儿童阅读、阅读与作文、教师成长、公益活动、人性善恶等。参与者有"亲近母语"的创始人徐冬梅女士、著名儿童诗人雪野先生,还有大学生辩论赛的评委以及团队辅导教师、厦门大学法学专家李琦教授、担当者创始人张同庆老师等。大家海阔天空,侃侃而谈。为了证明学识尚可,我不时插嘴。后来发现每次发言,观点皆被大家推翻。确实,在这样的专家学者面前,最好的方式是倾听。

后半夜,直到大家谈及小学作文教学时,我说了自己直接、朴素、真实的观点,这才迎来鼓励和赞许。

世界这么大,我们确实什么都不知道。

现在你再看看身边,有各色善于言辞的人,原先,你是不是有些欣赏他们呢?整天八卦不断、大嘴饶舌的,绝对不是你要跟随学习的对象,学会了八卦,这辈子你就只能是个花边新闻、小道消息的播报员;遇到什么鸡毛蒜皮的小事都"微言大义"、批判时政、满腹牢骚的,更不是你欣赏的对象,厌世与愤懑是青年成长最大的敌人;道貌岸然,整日里大道理层出不穷,老拿理论来说事的,也不要被他唬住,很有可能他就是《红楼梦》里的贾政,是否真的正经,说不上来;同事们上完示范课后,他来评点时总是"这个理论家言,那个专家教授曰",空口说大话,自己又不敢展示实践的,也不值得我们学习。

实践永远是一线教师最具价值的发展路径。

馨香的借鉴

谁都不想一辈子只当"司机",我们希望自己成为有真才实学的人,那么,有几个关键词请记住:

天下第一关键词:阅读。曾经看着书房中囤积的"库粮",一度以为适可而止的时候到了。但每每和同行聊天,和友人对话,才发觉离阅读很远很远,甚至还没有进入阅读之门。有时候心急地想要将阅读的内力转化为用得上的武功,又发现内力修为几乎为零,运不上气,发不出力,只能再次感叹自己读得太苍白、太贫乏。

语文报社的裴海安主编曾经给我开过一些书单;干国祥、魏智渊老师也曾推荐给我几本他们钟爱的书;我的师父于永正老师的书,让我爱不释手,反复读,反复有收获。但惊喜过后发现——在阅读领域中,我依然是无知的……例如,听杭州师范大学王崧舟教授在《百家讲坛》开讲语文,他的口吐莲花、引经据典,让我在激动之余更是发现了自己的无限浅薄。

阅读,有时候就是和自己较劲,当然也可以是和心中那个灵魂对话。一种召唤让你在瞬间清醒,你有言说的冲动。于是,逐字阅读,欣喜忘言。阅读是人类文明的传承方式,从事阅读、爱上阅读,都是靠近文明。发现自己多话了吗?阅读者,应该是孤独的。

江湖第二关键词:写作。写作可以是边读边写,以写促读,读写并进。但是建议大家写得要专,不要什么热门就写什么。认清自己的专业发展之路,再往下写。例如我的写作就围绕我的作文教学主张,专项、专题、专门、专心地写,写得要严谨。每次我有一些设想,希望写下来时都很小心。有时候为了求证一个想法,要查阅资料,要咨询友人、师长。同时还要不断琢磨:这样的提法,有什么学理上的依据呢?光凭经验是靠不住的,学理依据才是让教学主张经得住推敲与考量的重要支撑。磨刀不误砍柴工。我写得慢就写得稳,但是源源不断地写出来,不贪多求全,不急于发表。往往一篇文章写后要反复琢磨,找到漏洞,甚至要否定自我,这是对读者负责的态度。有意思的是,你越是纠结,文章发表越是顺畅;你越是轻率,文章发表越是艰难。

草根第三关键词:实践。自不必说,一线教师,每天都在实践中度过。但是实践过后要有反思、有记忆,不要让好端端的教育素材滑过。这个话题,之后应该会谈及,不再赘言。

心灵的贴士

闭嘴,别让学识从喷出的口水中溜掉。

6. 控制好你自己

这几年我们谈到最多的是选择。没错,就像上高速公路,如果方向错了,马力越大离目标越远。选择就是选方向。

此外,为什么青年教师常常遭遇失败?这一回我们讨论你的实际控制力到底能支撑你做到什么。失败,可能是源于对自己能力的错误估计。如果你总在能力之外努力,那么,你的成功将越来越渺茫。

新出炉的概念

引用一个相对生僻的概念:控制错觉。

几乎每个人都有控制错觉。例如,你到水果摊挑选水果,尝了一颗龙眼,觉得很甜,于是你欢喜地购买了,觉得是自己挑选到了这样好的水果。其实,老板进货的时候就挑选过,你呢,是别无选择的。

再比如买彩票中奖,你会告诉别人是你的手气很好,但是彩票的号码是随机生成的,与其说是你手气好,不如说是机器对你好。

认为许多事都在自己的掌控之中,自己有能力控制,而实际情况并非如此。这样的错觉就是控制错觉。错觉就是错觉,你的实际控制力,往往没那么强大。

你,是人就不错了,你永远不是超人!

但你可以大胆尝试,挑战自我,不断超越。比如:主动承担重任,挑战未知的领域,向名师发出挑战邀约……通过努力,有可能让错觉变成切实的感觉。所以,控制错觉,本没有好坏之分。

辛辣的故事会

你的控制力究竟有多大?你可以控制的究竟有多少?抛开错觉,先来看看一个有趣的实验——

心理学家把两批人分别关进两间音响室里,测试他们对噪声的容忍程度。两间音响室唯一的区别是:A室有一个红色按钮,B室没有。

故事中的心理学家是狡黠的。他事先告诉受试者会不断加强噪声的强度,并悄悄告诉A室的人,如果噪声大到他们不能忍受,就可以按那个红色按钮:"你们完全可以控制局面的。"但是,他没有告诉他们的是,那个按钮其实是假的,不管用。而B室的连这样的待遇也没有。

测试的结果是,A室的人对噪声的容忍度要大大高于B室的人。因为他们总以为自己在控制着一切。其实,他们只是在控制错觉的支配下,配合证明了可控的错觉能够明显提高人们容忍痛苦的程度。

再说我的故事:刚搬进二手电梯房,不习惯乘坐电梯。每次走进电梯,按完楼层的按钮后,总会习惯性地按一下关门按钮。有时候,按完过好几秒钟门才关。经过试验,我发现不用按键也能实现关门。恕我愚钝,从小到大都是爬楼梯。我怀疑电梯关门键是虚设的,关门是按照电脑程序执行的,确保有安全的等待时间。

现在我知道电梯的设计者为了确保安全性,运行过程中会尽可能把人为操作的空间降到最低。而大多数电梯的门都是自动关上的。但是为了给人造成可控的错觉,电梯都有一个关门键。

相同的,在国外还有等红绿灯时的"呼叫键"。其实,按键后,等待的时间几乎没有变化,但是大家觉得自己在控制对方通过的时间,同时也控制自己的行动,心满意足时也变得随和平静了。

两个故事都有些灰色,给大家一些阳光吧。记得在2000年前后,我还在一所小学任教。当时,北京有个特级教师访学团来福州交流,市教育局决定由我市教师执教一节课,和北京的特级教师同台呈现。当时我还是执教几年的新手,这样的阵仗根本没见过。但是初生牛犊不怕虎,我主动承担了任务。准确说是我为自己承接下了一次巨大的挑战。

到底能否胜任,我没有把握,但直觉告诉我,做了再说。

结果呢?课上出彩了,我被大家认识了,北京方面也请我去讲课了,我走出福州了……控制错觉,就像兴奋剂一样,让我暂时忘记怯懦,丢掉包袱,完成了"不可能完成的任务"。

馨香的借鉴

规避控制错觉带给我们的负面作用,最有效的办法就是认清自己。当然,认清自己是一件很难的事。

在向同行学习中认识自己。也许你已经发现,我一直强调学习。的确,学习就是让你看到他人、发现自我的不二法门。能学的时候要如饥似渴地学,特别是青年时期,你向周围人学,大家都会倾囊相授,没有戒备。通过学习,发现差距的时候,就要准确定位自己的开端。

在完成同一个任务中认识自己。有一个简单可行的办法,那就是组建朋友圈,主动邀请大家共同完成一项任务。整个过程都让你看得清清楚楚。分工就是人品和能力的分配,你会明白谁能承担什么任务,谁做得如何,谁的能力不足,你和大家的差距在哪里……完成任务就是一次最好的测试,也是你发现自我的最佳时机。

6. 控制好你自己

在反思中认识自己。有一段时间我心里特别渴望得到认可，总希望自己带的班是最优秀的。于是，我精力十足地应对一切活动。上天要给你一些教训的时候，总是让你先尝点甜头。所谓的甜头就是班级在各项竞赛中获奖、得胜。音乐节的合唱、美术节的展览、体育节的竞赛、读书节的作文、科技节的小发明，再加上日常的常规评比。一桩桩一项项，我都带领全班力求大满贯式的完胜。年轻气盛的我再用上十足的干劲，成功是可以预期的。不少青年班主任也一定有这样的时期。

不过，很快我就发现，那是典型的"贴膏药"期。哪里痛就贴哪里。进行什么比赛，下达什么任务就突击准备、拼命完成，不正是"头痛医头脚痛医脚"的写照吗？无怪乎我自己常抱怨"累"！殊不知"累"是一种心病，深入骨髓，让你心力交瘁，对工作不再探索和改良，使你的班级管理不再具有艺术潜质和教育性质，成了疲于奔命的应付之举。

2021年国家提出"双减"。政策落地后，很多老师感觉不适应。部分自媒体为了流量带头喊"累""苦"，一线教师盲目跟着抱怨，而没有去思考如何将工作做得更好。一旦"累"成了挂在嘴边的口头禅，就成了你拒绝优化、改善自我的挡箭牌。可以问一问：为什么"累"？魏书生身兼局长和班主任两职却从不说累，万玮创班主任兵法如鱼得水更不累。"累"从何而来？从你的欲望中来；从你没有了解班级与孩子，盲目追求中来。"累"如何而去？从知道取舍中去；从认识班级，体贴儿童，科学管理，促进成长中去。

　　幸好经过反思，我挣脱了出来，看清了自己。就在那个阶段，我和团队伙伴合作出版了"一篇一篇解读统编""大语文创意作业设计"等书系，让"减负＋提质"成为可操作的具体措施。

心灵的贴士
　　看清楚自己也没有想象中那么难，但确实是至关重要的。

7. 准备跑人生的"马拉松"

我们用了好多篇幅来谈"目标选定""认识自己",你是不是看得有些烦?也许你和我一样,在没有认识自己的情况下就开始盲目出发。人生是一场马拉松,你连准备活动都做得不充分就上路,你觉得会是什么样的结果?

不要老是一路往前赶,不要老强调"不输在起跑线上"。可能,你已经"死"在起跑线上。如果没有准备充分,定好方向,前途就是"死路"一条。

新出炉的概念

自信,你应该有。有自信就能以积极的心态应对困难、果断处事,还可以给自己积极暗示、鼓励;缺乏自信,就会自惭形秽、优柔寡断,也容易被不良情绪、信息所影响,常表现得萎靡不振、缺乏活力、自卑晦涩。

自信,你需要有,但不能过度。

过度自信就是你对自己的预期过高,固执己见,一意孤行。也许你有恢宏的计划,有美好的愿景,但过度自信会让你忽略对周围环境的感受，对变化的捕捉。于是，你会独断专行，拒绝他人的意见或建议。这么做，无疑存在着巨大的风险。而你会毫无察觉，更准确地说是不愿面对。

有时候，过度自信可以看作是不自信的表现。明明有益的建议，你不采纳；明明正确的主张，你不接受。你害怕的是改变，害怕的是不能按部就班。这样的不自信让你像离开水的鱼儿一样，成为孤家寡人。过度自信让你离目标越来越远。

几乎所有职业的人都可能过度自信，他们对事件发生概率的估计总是走向极端。过度自信一般会出现在自己擅长的专业上。教师的过度自信就体现在对自己教学生涯的规划，对教学探索的目标确定上。教学研究，就是一场"马拉松"，拼的是体力、毅力、智力。

辛辣的故事会

日本马拉松名将山田本一于1984年东京国际马拉松邀请赛中夺得冠军。当记者问他凭什么取得如此惊人的成绩时，他说了这么一句话："凭智慧战胜对手。"

智慧，这是其他马拉松选手口中从未出现过的词。

当然，也可能是山田本一故弄玄虚。因为他确实是一个名不见经传、身材矮小的亚洲选手。说用"智慧"取胜，确实有点勉强。但两年后的意大利国际马拉松邀请赛上，山田本一又获得

7. 准备跑人生的"马拉松"

冠军。面对记者的采访,答案还是"用智慧战胜对手"。全世界没有人怀疑,大家希望他作出解释。

"智慧",为什么能战胜对手?

我们在山田本一的自传中找到了答案:"每次比赛之前,我都要乘车把比赛的线路仔细地看一遍,并把沿途比较醒目的标志画下来,比如第一个标志是银行,第二个标志是一棵大树,第三个标志是一座红房子……这样一直画到赛程的终点。比赛开始后,我就以百米跑的速度奋力地向第一个目标冲去,等到达第一个目标后,我又以同样的速度向第二个目标冲去。40多公里的赛程,就被我分解成这么几个小目标轻松地跑完了。起初,我并不懂这样的道理,我把我的目标定在40多公里外终点线的那面旗帜上,结果我跑到十几公里时就疲惫不堪了,我被前面那段遥远的路程给吓倒了。"

"智慧"就是不要过度自信,把大目标分解为一个个小目标。相信自己,能完成一个个适当的小目标。

参加"全国阅读教学观摩赛"是每一个青年教师的梦想。这个梦想要一步步实现。县区赛胜出后到市级赛,再到省赛,最后才有可能代表一省参加全国比赛。在我的参赛历程中,这个梦想就这样分为一个个阶段完成。最后,当参加全国比赛通知下发的时候,我知道,"马拉松"的冲刺阶段到了。

狂奔,用好体力、凭借毅力、发挥智力。

馨香的借鉴

有一种方法叫"目标分解",也可以叫"阶段达成"。就是像山田本一一样,将一个很大的目标分解为若干个相对容易达成的小目标。每次达成都有欣喜体会,都能感受成功。这样的体会将化为新的前进动力。枯燥无味的行进过程,很可能因为你科学的目标管理,成了一路欢歌前行。

更何况,这也是脚踏实地,一步一个脚印。北京市著名特级教师张光璎老师称之为"走一步,跺三脚",每一步都踩得扎实。

并非将目标拆分后就一定能成功,还需要你在全程中放平心态,正确认识自己,稳步向前。

青年教师最需要三个字——"急不得"。欲速则不达。越是急于达成目标,可能离目标越远。着急忙慌地处理很多事,会犯下一个个看似小的错误,堆积起来就会成为你进步道路上巨大的障碍。

青年教师最怕四个字——"多多益善"。目标不要多,多则杂乱,多也会分散你有限的精力。最后,可能是你自己被自己累死。例如我在前五年的职业发展中,最大的目标就是阅读,读一切可以读的书,尽可能了解以下信息:大家有哪些观点,理论源头是什么,名师们是怎么做的。订阅杂志也以"设计""案例"类为主。后来目标转移,逐渐订阅"理论""学术报告"类杂志。目标专一,容易达成。

7. 准备跑人生的"马拉松"

青年教师最容易发生的四个字——"半途而废"。大多数人都是半途而废的,成功只属于坚持到底的人。记住,实现任何目标的要领只有一句话:不到黄河心不死。一旦中断,功亏一篑。更可怕的是,你会习惯于放弃。

青年教师要牢记的四个字——"不离不弃"。看过《阿甘正传》或许三多的故事,青年教师就知道,不离不弃,是一种意志、信念,也是不可战胜的力量。不离不弃,才会迎来成功。哪怕是微小的成功,那也是迈向下一个成功的台阶。但如果放弃了,从现在开始就注定失败。

还有一招撒手锏:在完成目标前,你可以作最坏的打算——即便什么都不能达成,我可以怎么办?相信有了这样的"退路",没有什么理由不向前!

心灵的贴士

最笨的人总在不断重新开始,而从来没有学会坚持。

8. 获取"真经"

我们每个人都希望幸运之神时常关照自己,特别是在遇到赛课、职称考试、岗位竞选等"大事件"的时候,你是否会像家里的长辈一样向神佛祷告,希望得到幸运之神的庇护?这是人之常情,你完全可以这么做。但是,我想你和我一样,总会思考一个问题:这有用吗?

到底做什么才能让自己一直被幸运之神"看见"?

新出炉的概念

要想总被幸运之神"看见",首先你要学着去看那些"看不见"的力量。不过,希望你能理解,相对于"看不见"的人,这里能"看得见"的,就是幸运儿啦,幸运地存活着。就像上帝对右手的奖赏,就是让右手成为右手,这已经是对右手的最高奖赏了。

先提个问题,幸运儿的数量多吗?

当然不多。目前地球上有多少人,你上网搜索一下就可以得到个大概数。而傅佩荣教授在某次演讲时说——这个地球上曾经存在过 900 亿的人。900 亿,是当年的数据而已。然而,

900亿的人,都到哪里去了呢?相对于这900亿,我们今天还存活着的多么幸运。活着真好!

接下来,我要向你们介绍的一个概念常出现在经济学领域,那就是"幸存者偏差",也可以说成是"生存者偏差"。当你获取的信息或是参考的数据仅来自幸存者时,这些信息和数据很可能存在着与实际情况不同的偏差。

这个概念还有一个形象的说法——死人不会说话。这个世界总是充斥着"成功者的心声""成功学""成功宝典",当各种让你轻易问鼎华山的武林秘籍就像地摊货一样随手可得时,希望你思考:这些都管用吗?你有没有想过找失败者聊聊?他那里也许有一本正版的《武穆遗书》。但是,他们往往是沉默寡言的,或是没有说话的机会。

每一个成功都是不可复制的。在这个浮躁的时代,我们失败的原因可能就是集中关注"看得见"的"成功人士"。幸存者偏差也因此在所难免。

辛辣的故事会

以下这个故事,一定会让你的思维迎来一次比较剧烈的震颤。

第二次世界大战时,美英联军对德国展开了战略大轰炸。德国防空力量强大,美英空军损失惨重。

美英找来飞机专家研究战斗机受损情况,要对飞机进行改进。专家们检查了执行任务归来的飞机,发现所有飞机的机腹都伤痕累累。

如果你是专家,你给国防部什么建议?

专家的建议是:机腹非常容易受到防空炮火攻击,应该加强机腹的防护,加装钢板。这个建议和你的想法是不是一样的?

但最后国防部的改进要求却是:改进和加强对机翼的防护。因为大家发现,幸运返航的飞机的机翼都完好无损。这只能说明,损失的飞机都是因为机翼损坏而坠落的,仅被击中机腹,飞机还能返航。所以,应该加强防护的是机翼,而不是机腹。

看完这个故事,你的大脑还运转得过来吗?

再看一个我的故事:一个好朋友想成为优秀的教师。他发现自己的口才不行,在我的建议下购买了很多演讲与口才方面的资料,包括书籍、音频等,练习得很刻苦。但是最后他没有成为一个优秀的语文教师。三年后,他到另一所学校,成了一个优秀的体育教师,他的动作示范、教学方法、生管理念等各方面因素都决定他在体育学科上出类拔萃。

原来,他一直信赖我。我告诉他要成为优秀的语文教师,一定要有好口才。而他,没有请教那些在语文学科上未能出彩的朋友,不知道"口才"很有可能是一种天赋。那些成功学中记录的好口才拥有者,也许天生就是个演说家。信不信由你。我没有看过这类的书,一年能在全国演讲20余场;傅佩荣教授一年演讲200余场,他也没有读过这样的书。

馨香的借鉴

向谁学习,这是至关重要的问题。我给出的建议是:多听"失败者"的意见。

成功者,会很轻易地向你总结"成功的秘诀",他们能轻松给你一些"看上去很美"的概念,之后告诉你去实践。但是你会发现,不管你怎么做,你永远不是他。

这样的例子在我们这个行业中非常多。比如哪位名师的课很好,很多青年教师就开始学习、模仿,最后的结果很可能就是东施效颦、邯郸学步。也有入门拜师得到真传的,可往往入门容易出门难。突破师门,就是遇到的最大的瓶颈。最后大家对你的评价是:哇,你的课好像某某某……真不知道那时你心里是什么滋味。

我的师父很多,福建省内,师从特级教师姚瑾、陈景松、钱本殷;全国范围内,师从于永正、张光璎……但是,没有一个师父对我说:好好向我学,我这里有速成宝典。相反,他们都是劝我:自己好好钻研,有问题再来。

好师父,就是"备咨询"的顾问。

所谓的"失败者",是相对世俗眼光中的"成功者"而言的,就是那些没有名气的、默默无闻的、名不见经传的人,他们很有可能就是大隐于市的高人。向这样的人学,你要多一分虚心和虔诚,千万不要带着一丝傲气,这是取不到真经的;要多一分耐心和细致,聆听他们最动人、最真切的叙述,最诚恳的忠告,故事和话语中一定有值得不断回味和品尝的滋味;要多一些询问和互动,你问得勤快,和对方互动频繁,你的收获就比别人多;要多给自己留一些时间思考和融入,不要生硬简单地拿来,不要以为照搬照抄就能用得上。

如果有很多人愿意和你交心,你就是传说中的幸运儿。

心灵的贴士

不管谁给你的东西,都要经过你的消化。

9. 明天会更好吗？

我是20世纪70年代中期出生的,小时候经常听收音机里播放《明天会更好》这首歌。那时,每个人都憧憬明天会更好。不是憧憬,应该说是坚信。果然,明天都比今天好。于是我们开始相信:我们的预计是准确的。

这一篇,我们谈论的话题和你的预计有关。你究竟是不是一个料事如神的人呢?有没有人能准确预测未来呢?你的预计将会带给你什么样的结果呢?

新出炉的概念

我们如今生活的时代,是一个自媒体高度发达的时代。在日常生活中,你可以听到许多预言。通过自媒体传播,你很快会成为一个知晓各种预言的"达人"。也就是说,也许你也能成为一个"预言家"。

每天打开媒体,你发现有人言之凿凿地说,某天会怎么样;有人翻出些许片段说,瞧吧,这就是我之前的精准预言……在这样的预言中生活,最好的姿态是保持清醒。如果被这些预言干扰,或暗自窃喜自己做对了,或惴惴不安、懊恼不已,都是被影响的表现。

预言,真的有这么准吗?

看起来是。对于自己的预计,总以为很准,因为我们总喜欢用归纳法。

归纳法的特色就是由个别到一般。进行归纳的时候,我们习惯于通过许多个别的事例,归纳出共有的特性,从而得出一个一般性的结论。

例如:A同事坚持晨跑,你就预计他在教工运动会上一定会拿下跑步类的奖项;B同事每天研习书法,你就会鼓励他去参加教工书法大赛;一直接差班的你觉得自己新学期一定会接一个差班,你认为这是命;C同事在大家眼中总是好运连连,你看,新学年,他的班级就是全年段最优秀的,为什么优秀总是和他相伴呢?

你很满意自己的预计,在很多时候,你可能以"半仙"自居。

而很有可能的结果是:A同事在教工运动会上没有任何收获,因为他晨跑是为了减肥;B同事参加教工书法大赛也名落孙山,因为他只是有初学者的热情;而你,眼见到的差班是因为你只看到了个别你觉得差的儿童,班级其实还不错;C同事接到好班,那是他的热情与开朗在影响整个集体……

还觉得自己是"半仙"吗?你的归纳法,带给你的是什么样的结果呢?

辛辣的故事会

德国的罗尔夫·多贝里和我们讲述过这样一个故事，题目居然是《如何把别人的钱弄进自己口袋》。别以为这是个骇人听闻的故事，其实很简单，故事中的你，用的就是归纳法。

请你寄出 100 000 份股指预测的邮件。你在一半邮件里预测下个月股票行情会上升，在另一半邮件里预测股票行情将回落。假定一个月后股指回落了，你就再发一遍邮件，这回只发给收到正确预测（股指会跌）的那 50 000 人。你再将这 50 000 人分成两组，写信给第一组，说股指在接下来的一个月会上升，给另一组写信说股指会跌。以此类推，10 个月后还剩下约 100 个人，你给他们作的预测从没有出错。在这些人的眼里，你就是英雄。你证明了，你拥有真正的先知式的预测能力。于是这些人中的几位会将他们的财产托付给你。然后你就可以怀揣这笔钱逃去巴西了。

当然，这只是个故事。

一位教师所执教班级的考试成绩一直在年级前列。我询问他秘诀。他说的原因让我产生了兴趣：分管考务工作的教导主任是他的好朋友。他经常和教导主任交流关于学科教学的观点、重难点。每一次的交谈都让他对教导主任的教学观增进一分了解。因此，在考前复习的时候，他总能准确预测出考试重点，甚至连题型都很接近。

这也不算什么秘密,他们拥有的,很可能是同一本题型参考书。也许还是某次一同购买的。

后来,他执教班级的成绩下滑了。原因也很简单,分管考务的教导主任升迁为副校长,而他呢,还是以原有的方式复习,揣测考题而不切中学科教学的实质,失败是必定的。

直到他拿到全年段最差的成绩时,口中念叨的是:这怎么可能？这怎么可能？

其实,用这样的归纳思维,结果从开始就几乎注定！

馨香的借鉴

改变你的归纳思维模式,摆脱"意外总是降临在我头上"的魔咒,最有效的办法就是接受变化。

真正有思想、有勇气的人是喜欢变化的,他们看到变化来临的时候会欣喜地说:"哇,太棒啦,机会来啦！"

只有"纸老虎"畏惧变化,他们习惯于因循守旧,习惯于仰仗体制,依靠已经得到的利益。而这些,是一般教师所不具有的。所以,一线教师们,你们也要爱上变化。不管你爱不爱,必须看到的事实是:变化,它脾气大,时时刻刻都存在,动不动就找上门来。

变化来了,我们可以怎么办？

其一,静观其变。变化来时,不要莽撞,也不要懒散。静观其变。看看变化本身带来什么,变化的发展趋势是什么,自己和变化之间的差距是什么,怎样适应变化……例如职称体制的改革,多地增设了"正高"职称。这让许多原本已经评到顶的小学老师不得不朝着"正高"的变化方向努力。以福建省为例,别的不说,在"中文核心期刊"上发表文章就是硬指标。于是,许多早已不动笔的老师勇敢面对变化,重新走上撰稿之路。

还有些呢,则无可奈何地说:算了,让别人折腾去吧,我是不想写了。这样的说法充斥在我们身边,青年朋友要学会分辨:不想还是不能。变化,不是谁都能接受的。

其二,随机应变。要变化是总体的方向,但不能乱变,最好的方式就是随机应变。什么是"机",那就是时候。中国人爱说:时候未到。时候到了办事,事半功倍;时候不到办事,事倍功半或者一事无成。顺应变化也是一样,要把准时机,伺机而动。"机",也可以理解为机遇。机遇来了,你要抓住。

其三,持经达变。变与不变,永远是共生的。持经达变就是提醒大家,在主动接受变化、参与改变的同时,心里一定要有恒定不变的信念。什么可以恒定不变呢?作为教师,一个大写的"人"字就是你的终生信仰:自己坚持做好人,坚持培育人,促进人的发展。教育教学,就是让儿童成人,让你自己更像个人样。

心灵的贴士

除了死亡外,没有什么是能准确预计和推算的。

九九归一：不做稀里糊涂的人

这本书的一个特点是，每九篇就会给大家一个喘息的机会，也是对之前的九篇作一个小小的回顾。

这个时候，我称之为"九九归一"。

"九"是中华文化中最大的数，"一"是初始的数。两个数在一个词语中出现，这就是中华文化融合、统一、互补的特点。阴阳、始终、矛盾、大小、否泰……就连极致相对的也能相互依存，你还有什么想不通的呢？

这几年，我毫无遗漏地担任了新师培训的导师。看着台下数百双澄澈的眼睛，我感觉自己有太多的话要告诉他们。我担心他们因为不谙世事、不明事理，走上岗位后就开始痛苦的旅程。我非常希望他们能顺顺利利，一步步脚踏实地地前进。

谁都不能代替他们去感受、去实践、去尝试，甚至是去经历摔打，这是成长必经之路，也是让他们更加壮实，能应对更多、更大挑战的必需储备。

不过我相信，还是有办法提供帮助。那就是帮助你们认清自己。

你也许很吃惊：我的身体我知道，我的灵魂我保管，认识自己，不需要了，我一直和自己在一起啊。

其实，变化悄然而至。如今的你不是纯粹的个体。你在一个环境中，时时处于一种气场的包围之下。所以，你要对那个你以为熟悉的自己重新定位。适者生存，这已经不再是原始的丛林法则了。包括我在内，没有一个人胆敢说：我很清楚我是谁。

人，很可能在生命终结的时候才认识了隐藏在灵魂深处的自己。

现在，你要做的就是了解你的气质、你的优劣、你的选择、未来你的各种可能性……这就是你最为迫切的需要，也是你所有发展的基石。

所以，我相信你会原谅我在这九篇中的絮叨。其实我反复强调的，就是你要认识你自己。因为这一生，你都要为自己的言行、过错、进退、选择等负全责！

写下三句话吧,算是留个痕迹:

我觉得,我是

我发现,我想

我明白,我要

10. 不做大哥好多年

歌手柯受良曾演唱过一首《大哥》。歌词中的几句话总在我的耳边回响:我不做大哥好多年,不要逼我想念,不要逼我流泪,我会翻脸;我不做大哥好多年,我只想好好爱一回,时光不能倒退,人生不能后悔,爱你在明天……

我从来没有做过大哥,但是我知道人生不能后悔,一切都在明天。

新出炉的概念

"鸭梨山大"不仅仅是在网络上流行的语言,现实中的"鸭梨",分明地摆在眼前:职称评聘上的失意,选优评先上的落榜,职务升迁上的排挤,民主评议中的流言,绩效考核上的低潮……仿佛上天有意和自己作对一样,每逢失意,抱怨声骤起。

其实,此时抱怨除了增加你的情绪损失外,别无益处。付出努力却没有结果,这些努力属于"沉没成本"。

"沉没成本"就是已经沉没的、不可挽回的投入。简单说,失败都已经过去,无法挽回的是已经付出的投资。如:时间、金钱、精力等。

可见，纠结于"沉没成本"，无异于周星驰影片中的唐伯虎对着一只蟑螂哭喊："小强，你为什么死得这么早啊！"周星驰这句台词会让你发笑，而你面对"沉没成本"时不停地抱怨，无异于再次追加投入"沉没成本"，必将血本无归。

看清楚自己，会难一点。慢慢来，你会做到……

辛辣的故事会

"沉没成本"不可追回，沉浸在不可挽回的付出中是毫无意义的。

有个最典型的例子就是请朋友吃自助餐。我听说最高境界是扶着墙壁进去，扶着墙壁出来。我还转载过网络上盛传的"让老板非常想删除的自助餐攻略"。可见，自助餐的成本不可小觑。

当你付出自助餐费后，很多人想方设法要吃回成本。于是，吃得胃撑肚胀，甚至引发肠胃疾病。其实，餐费属于成本，付出之时就不可追回，业已"沉没"，无论如何是吃不回来的。这时候，你唯一要做的就是适量享受美味，同时和朋友共度美好时光，增加友情或是产生额外的价值，如谈成生意、达成契约等。

想一想，如果此时你真的吃到那个境界，是谁的失败呢？

明白了吧，一切向前看！怨声载道无助于转变败局，更无益于进步!

我在职场中也遭遇过这样的风险投资,幸而没有让最有价值的资本——时间沉没在失意的痛苦中。

之前说过我的奇迹,很早就获得市级现场赛课的一等奖,志得意满的我作为最年轻的选手参加全省阅读教学现场赛。由于过于高估自己的实力,对突发的课堂情况没有作出积极有效的应对,我失败而归。故事从同行来安慰我说起——

都怪那些突发的状况,否则,获一等奖还不是如探囊取物?要不是这个小插曲,你这么年轻就能一路赛到全国去……我承认当时无限懊恼,也极度埋怨那些不可预知的情况搅扰了我的好梦。但我的师父陈景松却当头棒喝:"这一届的全国赛你是去不了啦。不如想想看,接下来该做些什么吧!"

接下来该做什么呢?很庆幸我的反思结果是让自己安静下来,埋头实践。

例如备课设计,我用了最傻的办法——一课一课设计,一次一次打磨。要知道总有人说特意设计就是作秀,"裸教""裸上"才是真功夫。但我坚信:设计是教师能为学生做的"良心活"。还有人认为,教师不需要写论文,都是说空话。我觉得写论文是很难,但值得挑战,真去写了就会发现很有意思。在从教的这些年时间里,我发表了近千篇文章。又例如说,把自己研究的游戏作文进行梳理、汇总,申请课题,立项研究。总之,浮华散去,我决定踏实走好每一步。

回想当初,如果我在"沉没成本"的损失面前徘徊、停滞、踌躇、消沉,又会是怎样一种光景?

馨香的借鉴

投资回报不能简单地依靠经济学上的计算公式获得。

当你的投入是一份火热的执着、一份坚定的信念、一项意义非凡的事业时,回报会不期而至。而你要做的,仅仅是低头、敛声,保持平稳良好的心态,一步步前进。以我为例,当接到通知,意外地被选中代表福建省参加全国阅读教学观摩赛时,为了不让这次的大赛再次成为"沉没成本",我精心准备、认真应对,终于斩获了特等奖,"意外"地圆梦了。

听起来像不像励志剧本中描述的故事?

但不可否认,"沉没成本"的确是一种"损失"。我要说的是,"损失"应该由决策者——自己来承受。青年教师要学会承受,敢于担当。

首先,你往回看。产生"沉没成本"的原因可能是决策失误;前期调研、评估、论证不足;执行中没有及时调整行动,一意孤行;危机处理能力不足或措施不当……在教师行业的竞争中表现为不顾一切地申报各种晋职、晋级;没有长期酝酿准备,一时兴起突击报名选优;平时不注意言行修养,在民主评议时受批评;基本功不扎实,在竞赛中失利;不顾群体利益我行我素,只为彰显所谓的个性……试想一下,哪一项"损失"是应该由别人买单的?谁能为你承担些什么?

责任在己,收拾旧河山,从头跃!

其次,你可以把抱怨的时间节省下来,不要再让眼前的"沉没成本"一再流逝。每个人当下的时间都是无法回收的绝对"沉没成本",当你运用它们只是在做无谓的"追加损失投资"时,你不仅不能从损失的悲痛中解脱,也丧失了对未来的把握。当你看到一个暂时失利者喋喋不休时,你会从这样的聒噪中看到一丝浅薄;而当你看到一个暂时失利者沉默不语时,你总会从这无声的静默中感受到一股力量。所以,把握时间,好好考虑当下为什么失利,从失败中获得了什么,今后的长远打算是什么,如何逐步实现目标……

心灵的贴士

往回看,你看到失败;向前看,你看到未来。

11. 没有烟抽的日子

让我们继续听歌——张雨生的《没有烟抽的日子》。张雨生,也许是让青年教师感到陌生的名字,但他的歌永远定格在70年代族群的心中。为什么永生?因为它触摸的是我们的灵魂,描绘的就是我们青春时代的生活本色。

手里没有烟,你会不会习惯性地划一根火柴,抽你的无奈,抽那永远无法戒除的诱惑?

不要误会,我们这一篇不谈爱情,谈幸福。

新出炉的概念

理解概念之前,先读明朝朱载堉的《不足歌》:

终日奔波只为饥,方才一饱便思衣。

衣食两般皆俱足,又思娇娥美貌妻。

娶得美妻生下子,恨无田园少根基。

门前买下田千顷,又思出门少马骑。

槽头栓了骡和马,又思无官被人欺。

七品县官还嫌小,又思朝中挂紫衣。

11. 没有烟抽的日子

一品当朝为宰相,还想山河夺帝基。

心满意足为天子,又想长生不老期。

一旦求得长生药,再跟上帝论高低。

不足不足不知足,人生人生奈若何?

若要世人心满足,除非南柯一梦兮!

发现了吗?如果你有一样自己非常喜欢的东西,到手后会有短暂的幸福感,但不久就厌烦了。你又开始追求下一个目标。在每次获得后不久,幸福感就会消失。于是你一直觉得不幸福,不断追求……结果只有一种:你累死在追求幸福的路上。

"再跟上帝论高低",这算哪门子幸福?

我问过吸烟的人,为什么要一根接一根抽?答案很简单:烟瘾。烟瘾是什么?是一次次想要用吸烟来获得短暂的快感。获得时快活似神仙,但很快消失,于是一次次抽。没有烟抽的时候,要划一根火柴,火光也是一种刺激……

其实,这只是"上瘾依赖"。人很容易就适应感官和生理的变化,比如职场升迁、竞赛获奖、职称晋级,都会带给你一时的幸福,或者说是上瘾的快感。这样的快感只能维持很短的时间。一旦你适应了就不觉得这是幸福,你就会陷入不断的追求中。

现在,问一问:你要挣到多少钱才会满足?你要评到什么职称才会满意?我从没有听说过一个教授整天沉浸在评上教授的那一刻。除非,他正在接受治疗中……

辛辣的故事会

我们从寒冷的室外回到房间里，起初会感到特别温暖，炉火带给我们的幸福感受很强烈。但很快，这种舒服的感觉就消退了，我们几乎没感觉了。

我也有这样的体验。刚刚从宁夏银川捧回全国赛课特等奖的那一阵子，我感觉非常幸福。报纸采访、杂志专访、案例转载、专家盛赞……一时间我觉得自己是最幸福的人。回来后不久就是期末考试，我自己也投入了复习工作中。很快，我就忘记了十月发生的那一幕。以至于后来有人问及："你获得的是哪一届赛课大奖？""哦，我获得的是……"回答前，我需要费神回忆才能准确报出"第八届"，而且心里也觉得淡了许多，甚至不愿意再提。要不是必须写出案例，这件事也真就是个过往。现在，你再问当年的评委：第八届的参赛选手，你还能说出几个？我想，这可能是个比哥德巴赫猜想更难回答的问题吧。即便答案曾经像"报菜名"一样能脱口而出。

没有烟抽的日子……就不抽烟了，也可以嚼口香糖。

馨香的借鉴

幸福，不需要刺激来维持，可以一直获得。你需要正确认识自我，调校属于你个人的"幸福人生三维坐标"。

每一个"我"都不是独立存在于周遭环境之中的，你无时无刻不在与家人、朋友、同事,甚至是过往的陌生人打交道。幸福感的浓重抑或缺失,就取决于你是否能正确认识自我。生活中要如何发现幸福呢?要调校好自己的"幸福人生三维坐标"。"三维"即工作、家庭、社会生活。

这"三维"如同一张网,不断左右着你的言行心思。因为每个人都不是活在真空之中的,即便你有心规避也难以割舍。所以,一味逃避不是办法,愤世嫉俗解决不了问题,孤芳自赏也许会让你显得更加高傲,只能积极主动地调校。调校的准则有三个:和谐、共赢、进取。

和谐。与同事、家人、朋友和谐相处,关注但不争不夺,谦让但积极准备,在团结互助的氛围中相护相持。如果幸福可以营造的话,良好的与人相处的氛围就是你可以用心而为的一个重要方面。

共赢。有了良好的人际关系,在学校、在单位与人为善、广结善缘,在家中兄友弟恭、夫义妻德、父慈子孝,在社会上朋友有信、肝胆相照。你不就为自己搭建好了幸福的人文平台,构筑了幸福的生态环境,促成了共赢的可能吗?而当你在这样的环境中获得成功的时候,更不要忘记分享,不要忘记感恩,这样的回馈就给默默支持你的人以共赢的感受,也让此环境中的每一个人都获得幸福。

进取。幸福源于被认可,源于不断在原有基础上获得进步,哪怕只是个人的一小步,累积起来就成了团队幸福倍增的一大步。所以,在"三维"的任何一维度生活中,你不能滥竽充数、停滞不前,不能苟且偷安、不思进取。

说到"进取",我特别有感受。时下在部分教师中,确实流行着一种"养生"之道。他们对刻苦钻研、努力奋斗嗤之以鼻,强调休养生息。在他们眼中,读那么多书有什么用,反正自己现有的知识已经足够应付课堂;写那么多文章有什么用,评职称不是只要发表两篇吗;一旦"奔三"就推托公开教学,美其名曰"让年轻人多锻炼";对荣誉也不是那么渴望了,落得一个清心寡欲、淡泊名利的美名不也挺好。我们请诸君不要被迷惑,这不是"真名士"。相比我是个另类,整天喜欢没事写写文章、备课、观摩同行教学。在一些人看来,这么折腾自己是不幸福的,但是我却从这些进取奋发中深深感受到幸福。你认为呢?

心灵的贴士

幸福是每个人的权利,但你要有方法获得。不断求知,注重修德,持久行善,你会成为幸福之人。

12. 请抛出你的"铁球"

伽利略在比萨斜塔上公开实验,抛出让世人惊诧的两个"铁球",改变了人们心中的定论。

小时候我听到这个故事,总以为亚里士多德是坏人,因为他总是说错话、办错事,似乎还总欺骗大家。伽利略是英雄,拯救地球的超人。

其实,亚里士多德也是英雄,他就是那个时代真正的权威。他和苏格拉底、柏拉图三人就是智慧的象征。而错误,无论在那个时代还是今天都存在。伽利略,就是敢于向权威挑战,向错误挑战的人。

新出炉的概念

恩格斯说:"一方面是一定的权威,不管它是怎样形成的,另一方面是一定的服从,这两者都是我们所必需的,而不管社会组织以及生产和产品流通赖以进行的物质条件是怎样的。"(《马克思恩格斯选集》第三卷,1995年版第226页)

听懂了吗?不懂没关系,发现一对关键词就行:权威与服从。

在任何领域内都有权威。权威,好像从诞生起就是一种绝对的权力、威望,一种让人窒息的服从与无条件的支持。即便这种服从中带有被迫的成分,带有些许不认同的感觉。但服从就是结果,似乎成了我们面对权威唯一的选择。这就是权威带来的效应。

有没有想过,权威也会出错?其实权威和我们一样,经常出错。只不过权威带着神秘、威严的面纱,出的错误让人怀疑:是我自己孤陋寡闻吧?或者你已经清晰地看到权威出错,是否依然选择服从?还是像伽利略一样,选择挑战权威?

即便你是草根,是不知名的"菜鸟",你也不能服从,不需要服从。只有当你能够独立思考、作出判断、付诸实践的时候,你才可以成为独立的个体。

辛辣的故事会

美国心理学家曾经做过一个实验:向学生介绍一位从外校请来的著名化学家,他将为学生演示一个实验。实验中,这位"化学家"煞有介事地拿出了一个装有蒸馏水的瓶子,说这是他新发现的一种化学物质,有些气味,请在座的学生闻到气味时就举手,结果多数学生都举起了手。

对于本来没有气味的蒸馏水,由于这位"权威"的语言以及他的威望带来的暗示，多数学生都认为它有气味。类似的实验，能让你在专家的引导下，闻到洋葱发出的草莓味，能让你闭着眼睛将大蒜品尝成苹果。

人们都有一种依赖心理、认可心理。我们总认为权威人物的思想、行为和语言往往是正确的，服从他们，自己也将获得安全感。我们还可能以为按照权威的要求去做，会得到更大程度的认可。

这都是着了权威效应的道。有时候，这可能会让你做出更为恐怖的行动……

心理学家斯坦利·米尔格拉姆在1961年做了一个实验。他请求一位受试者电击一个人。事先说明，事实上设备中没有电流，被电击的是一位面部表情夸张的演员。实验开始了，操作者逐渐增加电压，从15伏开始，然后是30伏、45伏……最后，电压可能升高至致命的450伏。受试者可以看到被电击的人痛得大喊大叫，浑身颤抖，但米尔格拉姆却不断说："请继续，实验要求这样做，没事。"于是大多数人都会继续做下去。受试者不是没有常识，他们只不过习惯于服从权威。

馨香的借鉴

有一个办法让你不迷信权威，那就是抛出你自己的铁球，让自己变成权威。

"斋戒"是第一步。要戒除的是烦、凡二心。教师是凡人,自然有烦念。面对着职业向自己不断提出的新要求、生活的诸多压力、同行的竞争、欲求、成败、荣誉、得失……各种浮躁意念滋生。要想在教学研究之路上前行,首先要让自己的心变得平和、安静、缓慢,此时祥瑞便生。数年前我在北京求学,饥渴、急切的状态也让学界泰斗张光璎老师担忧。她和我说了"树与藤"的区别,让我要做一棵自己能汲养成长,不攀缘仰仗于他人的树。过程慢而艰辛,但最终能自立于林,没有"软骨病"。

"戒"就是舍弃,放下,隔离。如果你志在研究,就必须有这样的毅力,自行隔断凡俗,以求本心入净土。回想李叔同向"弘一法师"迈进的那一步是何等果决,应该能给我们一些激励。可能你认为先圣有着超凡脱俗的天性,我辈不能及。也罢,少应酬、少交际、少获取,这些自身可控的总能在不断调试中逐渐做到吧!

能"安处"则又进了一步。定能生慧。教师研修之路上的"定"有着特殊的含义,要做到定向、定性、坚定信念。确定好自己感兴趣的研究方向后,不要东山看到西山高。要能守恒,坚定不移地在自己确立的研修之路上走下去。博采众长但不要左顾右盼,七窍开放但不能心猿意马。汪曾祺记得小时候书房中有一横幅"无事常此静坐",鲜活、深刻。研修之路要与书为友,常在书中浸润。有事,事即阅读;无事,即准备入阅读之门。和书

"处"得滋味深长时,就渐入佳境了。

"存想"。智者的"想"是颠覆自我的反思,是试图以反思的形式让自己停歇前进的脚步,获得再出发的动力。凝神冥想,反求诸己。反思能助你校正方向,突破瓶颈,它是你漫漫求索路上承前启后的心灵驿站。我们发现成为名师有一个共性——勤。读过不少名师的自传,发现他们都勤于写读书笔记、随笔。听课、阅读、评议……一个个不灭的文字留下了他们思考的温度。很难想象,一个不喜好动笔的教师能在教研领域有所建树,不善于思考的教师能在关键问题上有突破性进展。

"坐忘"就是一种境界了。"众鸟高飞尽,孤云独去闲。相看两不厌,只有敬亭山。"一坐成禅,"忘"是空灵、不争、无欲,是真般若境。相忘于江湖,这是何等的洒脱奔放,率真无邪。但凡大师总能守"忘",所有烦恼皆幻影,不能动我心。老子骑青牛出关不回,嵇康临死前从容弹奏千古绝响《广陵散》,阮籍终日饮酒沉醉躲避时政,郑板桥题"难得糊涂"……他们都"忘"得彻底,放得干净,但没有人不承认他们是通往圣哲之路的先驱。倘若有太多羁绊、不舍,怎能走得这样洒脱,又怎能为我们指引修行的明路呢?

做到这一步的教师,教研就是乐趣。你就有可能成为权威。

心灵的贴士

你最应该听的是,从自己心灵深处传来的梵音。

13. 对你有益的"慢半拍"

你走在路上,当一群人都抬头看天的时候,你会怎么做?

想必也会抬头看。其实你心里在想:这不是个陈旧的笑话吗?第一个流鼻血的人抬头,紧接着身边的人也抬头,随后就是一群人抬头……

但是你依然会这么做。鬼使神差般的,你的心里可能有一个奇怪的声音在说:抬起头,兴许有些稀奇。

新出炉的概念

这是典型的从众心理。个人受到外界人群的影响,表现出符合公众舆论或与多数人相同的行为方式。这不是新概念。应该说,自从有了人类,就有了从众心理。人的进化让我们清楚地知道:人要适应群居生活。

请你设想一下这个有趣的场景:数十万年前你的祖先在原野上狩猎的时候,周围活动着一群同部落猎手。他们的工具仅够捕猎野兔。突然,传来了山崩地裂般的虎啸龙吟。他们的脑子里根本不需要判断这是什么怪兽,只会做一个动作——跑!

为什么？因为周围的同伴早就跑了。

看，你的老祖宗那么早就知道这个心理学的概念啦！

在这样陈旧的心理学概念背后，我试图让大家明白的是，只要你尝试在跟风时"慢半拍"，就有可能成为珍贵的"少数派"，保持你的独立性。没有"从"，你就有了自己的价值，没有苟同，没有屈服，没有妥协。请不要小看小众的存在，真理往往在你们手中。

辛辣的故事会

我开始担心了，你会认为从众心理都是不好的。其实这也是一种从众。我将讲述两个故事，让你自己作出判断。

一位石油大亨死后到天堂去参加会议，一进会议室发现已经座无虚席。于是他灵机一动，大喊一声："地狱里发现石油了！"这一喊不要紧，天堂里的人们纷纷向地狱跑去。

很快，天堂里就只剩下那位大亨了。这时，大亨心想：大家都跑了过去，莫非地狱里真的发现石油了？于是，他也急匆匆地向地狱跑去。但地狱并没有一滴石油，有的只是痛苦。

瞎喊造假的是大亨本人，但大家都行动的时候，连谎言的制造者也从了众，而得到的结果自然是痛苦和虚幻的。从众心理，真坏！

我带的班级普遍喜欢阅读。很多人问我怎么培养。答案现在揭晓。

起初,要主动去发现一两个阅读尖兵,在班上大张旗鼓地鼓励、表扬,树立成典范。这部分是种子选手,阅读的书目要相对经典,阅读的痴迷程度要高,阅读的耐久力要足。之后,不少儿童会因为需要表扬而加入这个群体,群体扩大时继续表扬,群体就不断扩大。当然,这里有良莠不齐的问题,但你要做的就是表扬,而不是拉齐填平。阅读,原本就有水平、取向的差异。直至最后,当大家伙都在班级中阅读的时候,个别儿童仍然在发呆,或是用尺了敲打桌面,做些"另类"的事时,他会发现自己很孤立。于是,自然而然地,他也加入到阅读的群体中。团队组建后,才是书目的指导。一步一步来,做得扎实些。

很明显,我借助的就是从众心理。奇怪,从众心理非常好!

馨香的借鉴

其实,从众心理没有好坏之分,只有怎么运用的问题。我的建议是,当大家都这么做的时候,你要"慢半拍"。

慢半拍,首先就给自己留一点时间,你就从被动转为一定程度上的主动。

慢半拍,你可以进行反向或是多角度的观察和思考。这么做,对你即将做出的决定是非常有益的。从众,看上去很美,是一种万无一失的做法,保险、安全,其实也有可能会全军覆没。

当大家都跟风而动的时候,你要做的就是让自己冷静下来,结合自己的情况,想清楚:我该怎么办?

慢半拍,你还可以给自己留下更多准备的时间。即便是跟随,也不会显得那么仓促、草率。如果决定不跟随,你也知道自己该干什么。

其实,慢半拍,什么都不迟。想清楚了再行动,跟上大众队伍,绝非难事。相反,自己独树一帜,可能是一个划时代的开始。

例如有一段时间,语文教坛上刮起了文本细读之风。很多教师就从众跟风,各种"细读"应运而生,各大杂志刊载的也是细读的文章。一时间,小学语文课堂,都成了大学中文专业的文本细读课。每个人都咬文嚼字,大家都把语文课上成了文学欣赏课。

就在我即将从众时,我定定神,慢了半拍。

我先去看小学语文教学的真面目。叶圣陶先生在20世纪60年代莅临福建时就题写过这样的十六字真言:何以为教,贵穷本源,化为践履,左右逢源。小学语文教学的"本源"又是什么?就是学习理解和运用祖国的语言文字,并在此过程中形成终身学习语文的必备素养和必需能力,这些素养和能力要靠不断练习得以巩固和提高。孩子就是孩子,他们要循序渐进。他们理解课文更多需要感性而不是理性,他们解读文本更多的是要找到童趣,发现生活的乐趣,感受语言运用之趣。课堂,就是练习、犯错的地方，而不是口吐莲花，像饱经风霜的老人般说出对生命的感悟的地方。儿童学习语文的路还长，不需要在学习运用语言之初就语出惊人，不需要在刚刚接触一篇文章时就能咀嚼出诸多滋味，更不需要在一节课中像个皮囊一样被填进各种文化衍生物，即便这种"填鸭"不是那么生硬和裸露。

再如，2022年教育部颁布了新的《义务教育语文课程标准（2022年版）》，其中有不少新的提法，诸如明确提出"学习任务群"的概念，倡导"单元整合"式教学，实施"项目式学习"等。不少地区一哄而上，也有不少单位率先宣布"获得阶段性成果"……其实，对于青年教师而言，此时"慢半拍"是最佳的选择。让理论界多辨析，让实践伙伴们多展示，让自己多甄别、多思考。谋而后动，对学生而言更加有益。

你会感谢当初的"慢半拍"。

心灵的贴士

环境就是最大的教育力。利用从众心理，你可以着力打造良好的班级环境。

14. 最好的往往看不到

你喜欢一款手表,可买完之后就发现,更好的是另一块。你喜欢一篇教案,却总会在不经意间发现,原来还有更好的。

你并不是个喜新厌旧的人,可为什么总是发现无数的"更好"呢?更奇怪的是,为什么更好的总是你一开始没看到的呢?

新出炉的概念

原因很可能就是"现成慵懒症"。必须承认,这个概念到目前为止,还是生拼硬凑的。"现成"就是你看得见的、拿得到的,它们是那样的唾手可得。也正因此,它们让你变得慵懒,以为"不过如此"。我们常依据现成的、可得到的事物来想象未知的、触及不到的领域。

有没有想过,由此及彼的"想当然"是愚蠢的。你看不到、接触不到的,也许才是更好、更有意思的。比如说已经考古保护性挖掘的墓葬和深埋于青山之中未挖掘的墓葬,宇宙中已经探明的星系和未探明的星系,已经知道的物种和未知的物种……

想要得到更好的,就必须舍,或者是控制,还要克服自己的慵懒。现实是，能做到这几点的人，真的是"少数派"。所以，至今仍旧在未知领域内探索的，大多是可敬的人。他们身上至少有勤勉、坚韧、好奇且甘于寂寞等常人所缺乏的品质。

放不下、舍不得，所以，拿不起、丢不掉，于是你一直原地踏步，停滞不前。

辛辣的故事会

每两年，我们会得到一次免费体检的机会。但是这样的体检让很多人哭笑不得。项目、流程，几乎和十几年前一个样，依赖现成的体检项目表，可能也是体检机构"慵懒症"的表现吧。

接下来我将讲述一个更有意思的案例。我患有哮喘，每年发作数次。因为工作紧张，我一直就近在同一家医院就诊。几次下来，医生开出的药方居然都是一样的。家里人笑说：这样也好，今后如果发作，不用上医院，直接服用这些药就行了。

其实，哮喘的发作原因比较复杂，有气温变化、花粉过敏、尘螨诱发、气味刺激等，当然不能一概而论。可是开出的药却一致，医生的心里可能也有一种可以依赖的现成处方。

在教学过程中，我们很习惯于模仿名师的案例。很多名师案例都是实录，每一步怎么做，设计得清清楚楚。有不少网站还提供名师课件下载。这样的现成，好像不依赖都说不过去了。更何况，名师案例经过名师演绎、多次实践，足以证明其可行性，是一种成熟的经验。有意思的是,模仿、借鉴名师案例上课的一线教师,成功的很少。相反,不少人反映:为什么我用了就不觉得好呢?课堂上非但没有亮点闪现和精彩绽放,反而失去了自我,课上得磕磕绊绊。

我曾经执教游戏作文课《过桥迷陷》,收录在我的《何捷老师的游戏作文风暴》一书中。出版后,不少人喜欢,便将我的教学设计移植到自己的课堂中,期待能像实录中写到的那样,出现学生掉进"陷阱"后的思维高潮和游戏结束时学生溢于笔端的篇篇佳作。结果弄巧成拙,不但没有再现课堂教学效果,反而使自己陷入了尴尬的境地。

学习和模仿确实是进步的途径,但不能简化为克隆和简单移植。机械地照搬照抄注定失败。我们更应该模仿和借鉴的是名师的教学理念——为什么这么教。之后要结合自己的特点,用自己形成的新理念指导自己的教学实践,踏踏实实地学习、认认真真地思考、扎扎实实地探索和实践,就会走出一条属于自己的、具有独特风格的教学路子来。

馨香的借鉴

如果什么都靠自己探索去弄明白,你的寿命至少要有数万年。道理很简单,人类用了更长的时间才掌握已有知识。所以,学会借鉴现成经验也是一种必要的学习历程,只不过,我希望大家不要养成依赖的心。

记得在一次候机时,我随手买了李敖的《深夜十堂》。这是当年的热销书。俏皮话、骂人话、调侃的话,还有最多的就是自夸的话充斥其间。李敖的人生修炼已经到了这般地步,真是如他自己所说:每五百年要醒一次,因为这世界上每五百年要出一个伟人。我也只能用无语来表达读后感受了。

这里有现成的李氏语言,我们学不了,也不能学。没有社会阅历与经历,无勇气学他的批判思想,但我可以结合自己的职业特色,找到能学习的地方——李敖读书法。

李大师的读书法命名都有些吓人——"五马分尸"读书法。李大师说他读书,不像别人读后好像没读,完全认真读了又记不住。他是不会错过书中精华的。一本书,只要是读到好的地方、有用的地方,马上撕下来,连复印都省了。剪切、粘贴、分门别类存放,成为资料。读完后,这本书就毁了。为什么不复印?时间耽误不起。喜欢这本书怎么办?买的时候直接买两本。这样读下来,李大师说自己拥有了极为丰富的资料。确实,他的文章可谓旁征博引、考据丰富,和别人论战少有失败的。即便是暂时失败,也能说写到胜为止,至今他已经写下并发表一千多万的文字,前无古人,后不敢说有没有来者,至少目前没有。

这样的读书法真的有效。一本书,特别是当代的书,有用的地方越来越少,不必为了一些仅存的硕果而整本保存,真要保存了反而容易使硕果烂在其间。所以,"五马分尸"读书法真是一种有效,或者是高效的读书法。其实这也不是李大师的首创,之前的老一辈学者们,也有类似这般的习惯——读书笔记、资料摘抄。只是他们比李大师多一分尊重,多一分耐心。李大师用钱解决了收藏和摧毁之间的取舍,也算是对书、对作者的一丝慰藉吧。

我不能依赖,想要结合自己的特点做些变化。于是,一种属于我的读书法也产生了:"五马分尸＋穷追不舍"读书法。这样读下去应该可以有小成。而且,李大师也说了,在前人的基础上改一个字也算改,就不算是照抄。我想,他应该允许我学习后创造一种新的读书法吧。介绍一下:

例如读到这本《深夜十堂》,其中有读书法值得"截获",于是,"五马分尸"先行,初步组建一个资料类别——读书法。首先提取的资料就是一块马肉——李敖读书法。之后利用网络搜索的便利,穷追不舍,网罗各种读书方法,丰富这个资料库。下回写到读书法的时候,文章也就变得厚实了。

该怎么读书？最好的是适合你的方法。

心灵的贴士

探索的乐趣在于不断发现:下一个才是最好的。

15. 没人能一个人走向成功

小时候看武侠小说,发现高手总是孤独的。斗笠下黑纱遮面,刀剑藏身,一匹瘦马紧随,背景是残阳如血,烟尘乍起。不知道他从哪里来,要到哪里去,但血雨腥风的江湖上,一直流传着关于他的传说。

从来没有人见过他的面目,见到的时候就是你生命终结的时候。他不需要朋友,苍凉的心曾经被朋友深深伤害;他不需要摆下"十八铜人阵",寒刃出鞘的时候,就是尘埃落定之时……

新出炉的概念

希望你不要被吓住。那样孤独的高手,在当代不存在。这个时代,没人能一个人走向成功。

团队协作,是时代的特色,也是迈向成功的法门。当你和志同道合的伙伴们组成一个团队的时候,你就不是一个人在战斗。整个团队拧成一股绳,发挥出来的力量是惊人的。大家互相勉励,互补互助,能实现能量最大化发挥。

对于团队的成员来说,你可以不出色,但你不能不出力。当团队中的每一个人都坦诚相待,有一份奉献精神时,大家才能取长补短,而你个人的能力也才会得到提升。

三人行,必有我师焉。

一个好汉三个帮。

众人拾柴火焰高。

……

我们有自己的团队,我们每日一起阅读打卡,练字打卡,每个月进行一次研修,一个阶段中合作编辑图书……不需要罗列了。你已经知道:团队协作才能激发出团队成员不可思议的潜力,而协作是团队不可或缺的精髓。记住,这个时代,没人能一个人走向成功。

辛辣的故事会

我曾经参加过福建新闻频道录制的大型公益活动,整个半天的节目,我只有10分钟的份,但就这10分钟,给我留下的感触却是我在20多年的学校生活中鲜见的。

我提前半天,随摄制组来到福建的建阳彩排。一到回龙小学,我就被这里的阵势吓住了。操场上下着雨,但外场工作人员却各司其职,"乡村四月闲人少",简陋的食堂内挤满人,大家七嘴八舌,讨论热烈。后来熟悉了才知道,这些人中有文字编导、现场导演、剧务、导播、主持人……总之那些片尾出现的称呼,这里全都出现了。

导演逐一安排,各部门认真汇报,没有拖沓敷衍,紧凑有效。久居校园的我已经很不习惯这样快节奏的工作了,心里一紧,硬着头皮勉强跟上,但是心里有一种"变年轻"的感觉。说实在的,很久以来拖拉的生活节奏和缓慢、按部就班又一成不变的生活让人感觉到老之将至。所以,紧张些真好。

彩排开始了,一环扣一环,像真的一样。谁负责传递话筒,谁负责摆放桌椅,谁负责引导演员上下场……现场导演在尽职地指挥着。他心细如发,童真烂漫,分工明确,事无巨细,无一遗漏,"谈笑间,樯橹灰飞烟灭"。我向身边一个工作人员感慨:那么复杂的流程,你们却做得如此井然有序,难得。他笑说:这算是小规模的啦。好家伙,小规模,五六十个工作人员,四五部车辆调配,这阵势着实吓人!

正式开演了。直播车连线卫星,导播现场切换画面,倒计时响声震耳欲聋,现场的气氛到达了沸点。我的节目在最后,这正是留心观察的时候。我发现大家比彩排时更加慎重,忙而不乱,有条不紊。我不知道这样的素养和现场工作警觉性从哪儿酝酿和提升,但就是让参与者感觉兴奋无比。终于上台了,和孩子讲话时感觉有无穷的激情从体内迸发出来,以至于讲得太快,提前结束了我的"专场"。哈哈,老马失蹄。但快乐是掩饰不住的,我也像个孩子一样满脸是笑呀!这个时候个人的得失荣辱早已到了爪哇国，作为外聘人员，你早就将自己当作是团队中的一员，眼中有的是节目、是整体、是大家、是喜悦。

活动结束后，没有人指挥，全体都在收器材，整行装。搬运的人很卖力，对待精贵设备也很细致。没有人招呼，各辆车的司机，不管是运输货物的还是运人的，都默契地把车尽量开到离设备近一些的地方配合装货。反倒是没有活干的我感觉不好意思……

馨香的借鉴

以上故事中的协作更应视为"谐作"。所谓"谐作"，就是更为和谐地合作。在合作中，更多考虑合作者的需求。大家优势互补，相互支持，通过合作达成目标。"谐作"强调在合作过程中，相互理解、氛围融洽、体验过程的温馨。我们所从事的教育，应该需要"谐作"才能成功。

各科教师"谐作"，育人才能成功。把"育人"作为目标的话，不管你是哪一科的教师，你只不过是达成教育儿童这一目标的一分子而已。就像整个节目组，你可以是导演、演员、文字编辑，但你只能是其一，靠你一个人无法做一台节目，只有大家齐心协力，才能保证节目的质量。如果有一个环节脱节，有一个人撂挑子，目标就不能达成，或者质量就要打折扣。现实中，我们常常遭遇尴尬——谁都认为自己教的学科最重要，自己最重要！好像每一个都是主角,而且是大牌主角,其他人都要围绕着我。各科教师之间缺乏应有的"谐作"就是教育效果不佳的原因所在。

师生"谐作",课堂才能成功。当下的课堂再也不是教师的风采展示场所,应该是师生"谐作"的地方。目标——学生能学有所得;教师和学生——各为过程中的一分子。如果要真要分出个主角和配角的话,学生是当之无愧的主角。教师的任务是协助其掌握知识、提升技能,在此过程中师生共同体验学习的愉悦情绪。和谐体现在哪里?教得无痕,学得顺畅,互动得融洽,教师在"谐作"中多一份对儿童情趣与认知的体验,儿童在"谐作"中多一份对教师教学和学习活动本身的感受。师生在课堂"谐作"中共赢共进。

与他人"谐作",教师个人才能成功。成功就是"谐作"的结果。以我为例,之所以没有成功就是因为一直以来是单兵作战的。我期待有合作者:有人给我理论指导,有人做我的课堂观察者,有人做我的案例分析者,有人专门提醒我改正差错……我们的目标——团队整体的成功,表现为教学理论的构建,教学模式的形成,教学效果的预期达成。我和团队中的成员都是踏上教育教学研究之路的行者,一荣俱荣,一损俱损,我们是一起的。

心灵的贴士

孤傲,不能仅在需要帮助的时候,才选择放下。

16. 心急吃不了热豆腐

心急吃不了热豆腐。这句话,从小到大,你听过多少遍?

你一定很希望大家不要误会。有时候你的"心急"完全不是为了吃下诱人的"热豆腐"。你不是为了自己的利益。作为教师,你很可能为了受教于你的儿童,你在替他们着想。

但是你也要知道"过犹不及",做得过头,就跟做得不够一样,都是不合适的。

新出炉的概念

其实,不管是进步还是退步,发展还是滞后,都有一个均值。

有的老太太炒股很有特色,不慌不忙,买后离手,不管不顾。最终和终日惦记的人收益差不了多少。这就是均值在发挥作用。不管起伏、高低、震荡、落差,最后都要回归均值。

均值回归是金融学的一个重要概念。经常炒股的就容易理解这个概念。不管股票飙升到多高,跌落到多低,其实都是障眼法。股票价格总是围绕其平均值上下波动的。所以,你可以"不变应万变"。无论上涨或下跌,只要你等得起,你就等着。最终,都要回归均值的。也就是老太太的必胜法则:涨得高了就会跌,跌得低了就会升。

金融学的概念也能用到教育领域。有时候,班级中的状况、学业成绩会出现大幅度的波动。于是我们开始着急地分析:为什么成绩提高了,我教得不错吧?为什么成绩下降了,我的教学有失误吗?这个学生最近为什么老是犯错,是我的管理不当吗?这个学生最近表现得很优秀,难道是我的奖励发挥了作用?……你没有数据,靠的就是最靠不住的直觉!

直觉牵引你思考:我该采取什么样的措施保持平衡?其实,很有可能你什么都不要做。进步或是退步,也会呈现曲线式发展。曲线,你能想得到的就是它的特点:有高低起伏,有落差,有波动。而隐藏其中的,就是有一个均值。

这样看来,你似乎无事可做了。不!你要做的就是让这个均值不断提升。即便是回归,那也是到了一个更高的阶段。曲线,还要有个走势。

辛辣的故事会

有时候,我们一直在研究:什么样的奖励有效?什么样的处罚有效?其实,很多时候有效源自内部动力,就是均值发挥作用。

在一线执教时,我带的班上有一种很特别的鼓励方式——

免做牌。每次的作业获得"优+"就可以得到1分,累计15分就可以得到一张免做牌。将其贴在任何一项作业上,可以免做当次作业。如果不用,则可以在各项优秀评选中换算成票数。开学时,谁先得到第一张免做牌,就可以得到一份意外的惊喜:免做整个学期的某一项作业。

我可不是头脑发热。首先,"优+"给得比较吝啬,集齐要付出努力。其次,获得免做牌的孩子不容易,基本是水平高的孩子,而许多作业水平高的孩子原本就不需要做,免做更科学。再次,拥有自控能力的优秀儿童会舍小利而争取大进步,这就是换算票数的缘由了。至于开学的大奖,是有些冒失,但有时我为了调动大家的积极性,也会冒冒险。

开学第四周的星期一,小刘获得了第一张免做牌。按理,她有着让人羡慕的"特权"。就在我们揣测她会如何处理时,当天中午就收到了她给我写的信。

致何老师的一封信

何老师:

您好!对于您的问题,我想我已经有答案了。免做牌只是您为了鼓励大家高质量完成作业而设计的,只是一种对同学的奖励。其实,没有了它,我也会好好做作业吧!因为我们是大孩子。

今天我得到了本学期第一张免做牌,但在我眼中它只是个虚幻品。我实在无法诱惑自己不做"笔记本"作业,这可是我获得"优+"的重要来源之一啊!孩子的天性就是爱玩,如果我轻轻把它往作业上一贴,过几天之后,作业上一定积满灰尘。所以,我只能用作业这个名词来调节自己,我是个孩子,如果我的世界里没有了学习,我就会变成一个疯子。

所以,我想把它一直封存在我的笔盒里。

您的学生:小刘

瞧,洞悉一切。她知道设立免做牌的意义,知道自己的身份,知道自己如何获取更大进步,知道学习是什么,知道老师发出第一张免做牌时的担忧……

老师呢?设计这些形式,等待儿童开悟。那个时刻,可以看作教学的幸福时光。

馨香的借鉴

强调一点——均值是可以不断提升的。也就是说,让学习呈现进步的趋势,教师义不容辞。有三条值得大家关注:

其一,态度要端正。不管学什么,态度要端正。这是老话,不是废话。即便是课外的技巧、兴趣类的学习,既然花时间参加了,就要认真对待,否则会养成不良的态度。好态度才能维护动力。坏态度容易泛滥迁移,影响儿童对学习这件事的整体认识。

其二，重视复习。复习是一种科学的方法，不是必要不必要的问题。复习的意义在于习惯养成。例如考前复习，就是通过多次的实践让学生明白：考前要做的就是复习。即使不是天才，正确的方法就能补拙！我也发觉不少儿童不重视复习：考前复习课，走神的不少，好像和日常闲暇时消遣无异；打瞌睡的也不少，有的居然说是昨晚参加活动睡迟了。如果养成这样的习惯，悔之晚矣。

其三，父母要关注，要适当参与。"学习是小孩子的事，我们不要插手！"不少人这样说，我也认可。但是不插手不代表不关注、不参与，还是要关注一下学习的进程。例如在考前一两天，我曾接到部分父母的电话询问"什么时候考试"，真让人感到无语。请务必关注一下孩子的学习状态，追根溯源，帮助排除干扰；关注一下学习方法，提供一些更加简洁、有效的方法，替孩子合理减压。家长的关注和参与就是一种表态，也是一种监督，对于孩子而言是必要的辅助。"完全放手让孩子自己来"，这样的观点不得不说有些放任自流的意味，除非孩子极其自觉，或是家长对学习结果真的无所谓，否则，必要的关注和参与可以说是一种责任。

心灵的贴士

想事半功倍，你最需要做的是发现规律。

17. 在很久很久以前……

在很久很久以前……

从前……

传说……

这些故事的开头你一定听过无数次,大概在做梦时也能说得出来吧?小时候,你有多少次被这样的故事打动过?故事,在我们的生活中无处不在。

新出炉的概念

在生活里,我们常常能看到商业营销的宣传片。比较直接和浅白的,总是唾沫横飞地说:"好!好!好!"也有些精明的公司,推销产品另有一套——不直接说"产品如何好""使用后有什么变化"。它先播放一段古老的故事:一个家族的诞生,一个帅气又执着的设计师,一次美丽的邂逅……看到这里也许你还不知道公司产品究竟是什么,但是你会产生一种感觉:这个公司可靠!别的不说,光这个历史就值得信赖。

接下来才是一个品牌的诞生,随即而来的是品牌的传奇故事,如:哪些名人用过,用了都说好;哪些经典的事件中用过,大家都说好;甚至还通过了一些极致的考验,火烧、冰封、水浸、锤子砸……你甚至会看到一家几代人都在用一个牌子,大家其乐融融地说:都上百年了,我们还在用……

你就这样被征服了。产品,你还没使用,你是被故事征服了。

故事征服你的,可能是离奇的情节、生动的细节,也可能是故意给你期待的结局,还可能是让人匪夷所思的阅读感受……但,有可能不真实的是:原本简单的情节,原本没有意外的程序,原本没有悬念的结局,原本你对这件事提不起一点儿兴致……现在,你完全被故事征服、迷惑。你宁可相信故事也不相信事实。

我们权且叫它"故事诱惑"。

辛辣的故事会

我的童年时代,好多青年男女被电影音乐所打动。特别是苏芮唱的影视插曲《酒干倘卖无》,让多少人流泪已经无法统计。

很多人问:电影中的那个故事是真实的吗?大家都相信真有这样的事。其实,剧中故事并非事实。这部电影的剧本创作者就是后来通过《开心鬼》系列电影被我们熟悉的黄百鸣,他那时候是新艺城的老板之一,其主要工作是制作监督与剧本创作。

据他自己说,只花了一晚上的时间就完成了整部影片的剧本。

打动你的,仅仅是个故事……

再看看一个个流行的短视频,总喜欢吊胃口:今天写到这里发生了交通事故,明天写到那里正在拆除违章建筑。原本只要一两句话写完的,现在都写成了"醒目大标题""曲折好情节"。当然,如果不是"有图有真相",结果兴许都是杜撰的。很快,这样的视频被划过,因为读者知道,读不到什么干货。

不管写什么,读者更关注的是探秘"过程",也就是获取故事。蒋勋老师说:曾经有不少青年男女看过《红楼梦》后梦想拥有宝黛的爱情;看过《西厢记》后也渴望追求自由的恋爱;看过《牡丹亭》后,甚至产生为爱痴狂的言行……

从来没有沉浸在故事中的人去深究这个故事的真实成分有多少,大家只是被"故事"诱惑的"梦中人"。

馨香的借鉴

既然这回关于故事,我想,借鉴也可以从故事中来。要说,就说典型的!

说起典型故事,大家都熟悉。我们似乎有着极大的树立典型的爱好,身边典型的人与事层出不穷,以至于"典型"留存的时间越来越短。不过幸好年前节前都还要评出一些新的典型,所以我们并不缺少典型。

典型故事的诱惑更大,如何规避？先看古代的典型故事。

春秋时鲁国有个规矩,但凡发现鲁国人在外为奴,花钱赎回后可到官府衙门"报销",还要给予奖励。孔子有个学生到外面去,碰到一个鲁国人在当地做奴隶,就掏钱赎出了他。这个学生没有到官府去"报销",也没四处张扬。那个被赎回的人将此事说了出去,引得人们纷纷称赞那个学生人格高尚。至此,典型出现了——做好事不留名,不计较个人得失,助人为乐……

不料,孔子却对这个学生的行为进行了严厉批评,责怪他只为"小义"而不顾"大道"。孔子认为,这个学生没到官府去"报销"赎金,被人们称赞为品格高尚；那么,其他人在外看到鲁国人沦为奴隶,就要对是否垫钱赎他产生犹豫。因怕垫钱到官府"报销"会被别人看作不高尚而不去"报销",损失由谁补偿？于是,也许更多人会觉得多一事不如少一事,装作没看见。客观上,这个学生的行为妨碍了更多在外做奴隶的鲁国人被赎回。

怎么样,够惊讶的吧！仔细想想,应该有些道理。有时候,我们在一些报告会上听闻很多典型的案例,大多是"常人所不能及"的事。而我们从来没有想过这样的典型是否值得弘扬就接纳了,膜拜了,宣传了,满以为正气就此弘扬,正道得以伸张。但有没有想过,也许秩序就此打乱,更多的人不知如何取舍。原本能平稳迈向前的脚步,一下子变得匆忙起来？因为总想着制造充满奇迹的结果。

当你想到创造故事中的奇迹时,想想智慧的孔子,你要坚持的是自己的取舍标准和为人的信念。

所以,我们更亲近那些在平凡岗位上作出奉献的人与事,更愿意相信这样朴素、真诚、让我们也做得到的故事。如果这些事发生在我们自己的身上,我们愿意和大家分享。

面对故事,你可以这么想:故事中哪些仅仅是故事?故事中希望隐藏或省略的是什么?如果故事发生在你的身边,你会怎么观察、怎么做?如果你就是故事的主角,你会努力让故事的结局朝着什么样的方向发展?……

经常进行这样的训练,将故事和你真实的生活相关联,你会少受些诱惑。而排除故事诱惑的优势是让你更容易脚踏实地,踏实前进。

心灵的贴士

我们常说"这事情好复杂",很有可能,是你的心复杂了。

18. 奖励是空头支票

棒！棒！你真棒！

我们常能在教室的走廊外，在课堂中，听到这样的夸奖声。儿童小眼发光，小嘴笑开，小手高举……他们在这样的鼓励中表现得很积极。

加工资，升职称，获评先进……成年人更需要奖励，实实在在的奖励。

有没有想过一个很有趣的问题：小时候，被奖励一块橡皮可以让你高兴一天；高年级的儿童再得到一块橡皮，可能只会将其藏起来；成年人在单位抽奖得到一台洗衣机，高兴劲可能只能维持很短的一段时间……

新出炉的概念

我们先看什么是激励。教师常用的激励方法是口头鼓励还有实物奖励。儿童特别希望和喜欢被激励。激励对他们而言，能激发巨大的兴趣，催生进步的动力，是教师班级管理、学科教学中不可或缺的方式。

思维活跃的你,应该要想到在激励这个概念之后,还有个"激励失效"的概念。为什么有时候给予激励却达不到促进、鼓励的作用?受激励者显得疲沓,似乎对激励提不起兴致,毫无感觉。你不断增加激励的刺激度:说一声"棒"不够,你要说"棒!棒!你真棒";给一块橡皮不够,你要奖励一整套热销的图书也不一定让他惊喜;让他担任班长,他却说"老师,我不想干",清楚地记得低年级时,让他收个作业就兴奋得睡不着觉……

现在,你的激励成了一张"口头支票"。当你对激励感到失望的时候,你忽略了激励产生的正能量。其实,你的思维中了"激励失效"的病毒。

死机,重启……

辛辣的故事会

曾经风靡的畅销书《第 56 号教室的奇迹》的作者雷夫·艾斯奎斯,就是个给予激励的高手。2013 年 5 月,雷夫访问中国,我面对面采访了他,话题就是"奖励和惩罚"。雷夫认为,缺少奖励或惩罚的教育都是不完整的,关键在于如何奖励或惩罚。

雷夫认为儿童并不真正害怕严厉的人,相反,严厉只会带来反抗。儿童痛恨不公,反感不公平的对待。违规对于成长中的儿童是难免的,惩罚是教育中所必要的,可是不能因为一个人而惩罚整个集体。雷夫的惩罚只有一种:不给予违规者参加当下

18. 奖励是空头支票

活动的机会,如排练莎士比亚的戏剧、用实验器材做实验、参与课堂互动、乐器演奏等。他说:"教师的工作不是拯救儿童,仅是给予机会,不给予机会就是最大的惩罚。"

反向而言,雷夫的奖励就是——给予机会。如之前不被允许排练莎士比亚戏剧的,现在欢迎你归队;之前在实验中捣乱的,现在重新提供器材让你参与实验;课堂互动时,让你参加;乐器演奏时,将你纳入其中,作为一个小提琴手……就这么简单。

奖励和惩罚的失当,就是导致教育失效的关键因素。一人获罪,众人遭殃。在千百年延续的中国传统思想中,确实有这样的连坐式惩罚惯性。更可怕的是我们不以为错,反而觉得这是将典型案例在全体中广而告之,为的是以绝后患、防患于未然。但雷夫认为这是不公的,而正是这精准的认识,使得他的管理得到儿童拥护。这点非常值得我们借鉴。

在我的班上有一条"土"班规——"一人做事一人当",谁违规找谁谈,不影响大家的正常学习生活。儿童戏称其为"冤有头债有主"。他们在接受和认可这条班规的同时,意识中不断构建的是对自我的认识,包括自我权利、自我时空、自我权益、自我约束。只有学会自律自爱后才有可能爱他人、爱集体,为集体奉献。一味要求"为集体,你应该怎么做,该做到什么",强制他们一起听取对个别同伴的批评警示,都是荼毒性灵的,是无效甚至有反作用的。

雷夫的经验让我们认识到：一个人的精力有限，能否创造奇迹，就看是否把力气花在刀刃上，奖励得当就会创造奇迹。

馨香的借鉴

我们要学会变着法儿给予儿童奖励。

好多同行问我们班孩子：为什么喜欢在何老师的班级学习？答案不是你们想象的那样，什么作文很好写，阅读课上能学到很多课外知识……都不是，儿童最关心的就是玩。他们最得意的就是"老师常用语文课带我们到操场玩"。我曾经被"数不清"的其他班儿童诧异地询问：何老师，您真的在语文课带他们去操场吗？问话中，带着比听说"外星人造访地球"更加怀疑的态度。我笑答："没错，语文课去玩才玩得痛快。"

清楚记得一次入冬后的语文课。太阳发出温暖的召唤，斜斜地映照在半个操场上，把墨绿的塑胶跑道染上一层青翠。禁不住诱惑，我们班又一次来到操场上。一声"玩起来"，儿童四散而去，选择各自喜爱的沉浸去了。从四年级开始，经过无数次的活动，他们已经会玩了：不做无意义的打闹，这样的时间太宝贵，舍不得；不做危险的尝试，那会让整个集体的活动都取消，得不偿失；不私自回班，那会让自己的自由受到限制，因为老师要时刻关注着每个人的安全和存在……所以，只有玩了，才会玩，我也越来越放宽心，让他们玩。组织，并不是要用一种形式和命令。

呵,好一道风景——几个少年懒洋洋地躺在塑胶跑道上晒太阳,有的用衣服遮住脸面,聊着天,说笑着,怡然自得。这让我想到了徐志摩的康桥,想到了那康河的柔波,想到了戴着西瓜皮帽子的小嘎子,想到了荷塘边顶着荷叶的不知名的农家娃,想到了剑桥大学的绿草地,想到了左岸咖啡馆里的世界顶级艺术家,想到了英国王室的下午茶,想到了迪拜海岸上晒着日光浴的贵族……优雅、闲淡、舒适,这是人类文明创生的根源。紧绷、高压、严苛,那是制造奴才的基本流程。

这就是冬日里最好的一节语文课,这里就有儿童喜欢你的秘密。

当然,激励儿童也有些简单可行的方法。如:发现他的优点,给予机会让他做适合的事,这叫赏识激励;多和儿童交心,让他感到温暖和被信任,这是情感激励;对于儿童,最受欢迎的就是活动激励,组织更多更有趣的活动,让他参与,感受团队生活的氛围,感受活动的乐趣,这就是最大的激励……方法很多,选择在你。

心灵的贴士

当你怀疑儿童是否需要激励时,就像询问一个空闲的理发师,自己是否需要修剪头发。

九九归一:让你进步的"秘籍"

又到了九九归一的时候。这是一个思想中转站,也是心灵休闲小憩的地方。说白了,就是让我停一停,不要一直往下写。

有时候,在极其亢奋的状态下,我能一口气写下几万字。但转回头一看,这些文字垃圾真应该好好清理。著名的教育书籍出版人成知辛老师告诫我说:慢点,多沉淀。说得好,沉淀后的才会持久。

回看这九篇,我们说到的话题比较庞杂:欲望、权威崇拜、沉没成本、奖励过度、故事诱惑、均值回归、团队协作、独立自主、相信自己。你不要被我糊弄得头昏脑胀的。这九条,只要做好一条就足够了。九条都做成的,我也没见过。放宽心,慢慢来。

每到九九归一的时候,我的心都有种放松的感觉。这样的"回看"带给我惬意,也给我许多指示。所以,我希望你能养成的"回看"的习惯,我们更习惯叫它"反思"。中国教师,嘴上最喜欢谈反思,但是做得最不够的就是反思。

起初,我也觉得自己很善于反思了,至少写下了数十万字的反思,也出版了这类的专著。

不断"回看",直至成了习惯才知道:我所谓的反思,仅仅在最粗浅的层次。

反思可以有三个层面。第一层是经验层面,第二层是原理层面,第三层是意识与精神层面。第一层反思的意义就是记录,尽可能地详细,保持原貌。之后不要想当然地凭着经验进行分析,应该尝试寻找问题的根源,发现隐藏在行为背后的原理,用理性思考,用理论来指导实践。反思到了这一层,就会对反思者产生巨大的促进作用。如果还能更进一步,反思之后能形成自我全新的认识,改变精神面貌,这不就是我们期待的进步吗?反思,就是在不断更新自我中迈步向前。

反思,是教育者思维的舞蹈,是教师的成长路径,是你进步的"秘籍"。

现在，请你回看本书的前两大部分，反思一下：

我的不足是 ....

....

....

我的优势是 ....

....

....

我可以从此做起 ....

....

....

19. "臭皮匠"也要有春天

"三个臭皮匠,抵得上一个诸葛亮。"有时候你要承认:在团队中,你就是一个臭皮匠。地位低,是新手,是菜鸟,是刚入行的学员,是徒弟辈的青年教师……

但是,即便你真就只是团队中负责修补的臭皮匠吧,我要说的是:你也有春天。

你只需作好准备,想清楚:春天来了,你要做什么?

新出炉的概念

在团队中,特别是新人,很容易陷入"盲从"的泥潭。

盲从,这个概念不需要过多解释,只要明白"盲"和"从"的字面意思,就能清楚地知道。盲从,就是说你没有主见,有时候甚至没有原则,更谈不上有创意、观念、风格、见地,只会随着别人说话、做事。自然,结果也只是混日子。

盲从,就是那种深埋在团队中,人云亦云、唯唯诺诺的状态。

盲从,很容易让你盲目服从权威,盲目认可他人的经验或者明摆着不合理的规则。

想从泥潭中走出来,你要靠自己。

辛辣的故事会

接下来的这个故事,不管你信不信,只要读后心里有感觉就好。

有一种奇怪的虫子,叫列队毛毛虫。它们喜欢列成一个队伍行走。最前面的一只负责指引方向,后面的只管跟从。现在想一想,领头的就是权威,而你呢,就是"跟屁虫"。

如果你不幸就是跟屁虫,看看自己的命运吧。生物学家曾经做过一个有趣的实验,诱使领头毛毛虫围绕一个大花盆绕圈,其他毛毛虫跟着领头毛毛虫在花盆边沿首尾相连,形成了一个圈。这样,整个毛毛虫队伍就无始无终,每条毛毛虫都可以是队伍的头或尾。每条毛毛虫都跟着它前面的毛毛虫爬呀爬,周而复始。

最后的结果你已经想到了:毛毛虫们饿晕了。

怎么样,这个结果有没有令"小伙伴们"惊呆了呢?

有时候,身在其中的你欣然接受做一只"跟屁虫"。讨论会上,你保持一贯的沉默。不管决议是什么,你总会盲目地同意,即便有些意见你不能理解,但是,你依然同意。校长都说了,你还反对?权威都认可了,反对有用吗?教研评课的时候,明明觉得课不怎么样,听课过程如坐针毡,课后评点刚想表明立场,但

19. "臭皮匠"也要有春天

是专家先开腔,说出这节课的数种优点,这时候你也只好点头称是。

如果这样做之后,还会觉得心里委屈,你算是还有救。

如果这样做之后,你觉得"嗯,好像也就这么回事",你就陷入盲从的深渊了。

馨香的借鉴

"走自己的路,让别人说去吧。"

这句话你一定听说过。是不是和年轻时的我一样,将其奉为真理,觉得特别帅、特别贴心?不盲从,不是让你不管不顾地就这样冲动地"走",那可能也是死路一条。

"走自己的路"之前,你有事可做:

首先,要看看路在哪里。譬如跟随名师学习,不少人做了"跟屁虫"。不管是谁,不管是否适合,不管自己所处的教学实际环境,就是想要模仿,甚至照搬名师案例,学着名师的腔调讲话。

你完全可以不这么做。"看"就是一种审视,审视自己,审视学习的对象,审视自己所处的环境,审视自己的缺陷,审视所能拥有的条件,审视希望要走的路……记住,适合的才是最好的。看得仔细了,就会发现路,还会发现前路上可能会有的障碍。

心里有数,作足准备,行路无忧。

其次,要想想路怎么走。当你确认自己的学习方向后,就该思考达成目标的方式了。例如,针对儿童习作能力的提升,我根据自己所处的沿海开放城市的儿童的基本特点,提出了"十六字诀":"连通生活,广泛阅读,勤于练笔,多方鼓励"。这成为许多儿童踏上习作进步快车道的法宝。

想想路怎么走,更多的是思考自己的条件限制、不利因素、薄弱环节。把这些想清楚,真要遇到困难时能够更加冷静,作好调整,积极应对。我的"游戏作文"进行了十余年后,遇到一个难以突破的瓶颈——创意枯竭。游戏作文要吸引儿童,创意非常关键,而创意不是招之即来的"的士"。幸而在游戏作文风靡全国时,我向许多前辈讨教,寻求作文教学体系的升格,这就是我的出路。于是,我转向理论学习,建构了"写作教学进行时",用系统的方法论指导实践,让自己走出了教学的低谷。

我很庆幸当初在"红火"的时候没有吃老本,而是想到变革。路上总有坎坷、陡坡、低谷,就看你如何"过去"。

还需要做的就是边走边学,知行同步,让自己在持续学习的过程中更加自信,把自己变成一棵树。

盲从的心理是深感自己的渺小、无助,理所当然地认为别人优秀、高明,依赖心就此而生。有时明知他人错了,也随声附和,那是为讨好他人甘愿做自己不愿做的事。而要克服盲从心理,就要从加强自我学习开始,让自己因学习而变得更加理性、知性、有个性,逐渐成为自信满满的人。就算你只是一个臭皮匠,也要相信有属于你的春天。

著名特级教师张光璎老师说:"要做一棵树,不做一根藤。"树有根,能自己扎根汲养,长成后能巍然挺立并荫盖他人。有了根,方才立得稳,才有向上生长的源源动力。只要你愿意成长为一棵树,就不要担心生长得缓慢,过快地向上蹿,空虚和脆弱会让你变得不堪一击。一年一轮地积累才能让你的躯干变得结实。不要羡慕藤,它的根浅而浮,虽爬得高但必须倚仗别人的支撑。幸而成为千年老藤的,也只能盘绕依附,没有独立的空间,身子都立不起来,更谈不上思想,砍下后就化作炊烟散去。

心灵的贴士

你能留在这个世界上的,只有闪光的思想。

20. 现代版的"桃园结义"

上回,我们提到了诸葛亮。这回,我们还要提到《三国演义》中的人物。那就是大家都熟悉的刘备、关羽、张飞。他们做得最出彩的事就是"桃园三结义"。所以,这一篇,我们要谈的就是现代"结义"故事。

结义,就是请你组建团队,找合作伙伴。在当代教师的圈子里,有一个时髦的说法,叫"工作室"。

新出炉的概念

工作室成员的数量要多少,大家怎么分工,是否要"物以类聚,人以群分",成员之间如何处理矛盾……一系列的问题马上摆在你的眼前。看上去矛盾重重,悄悄问一句:工作室,你建不建?

想都不要想,好好建!这也许是你出发的原点,是进步的第一级阶梯。

组建团队,你一定要注意两个概念:团队合作,团队懈怠。

所谓团队合作就是依靠组建的团队,发挥各个成员的能力,形成合一的团队精神。大家互帮互助,提高整个团队的工作效率。合作就是共赢。团队的成员要有个人能力,更要在不同的位置上各尽所能,与其他成员协调互助、共同进步。合作,取得的成绩更大,成绩是大家的。

团队懈怠是指个人在团队中的一种慵懒情绪。个人在与团队成员一起完成某个任务时,个人所付出的努力会比单独完成时少,不如单干时出力多。同时,个人积极性也明显下降,情绪也不如单干时高涨,显出一种比较隐蔽的惰性。

上述概念,不是让我们变得摇摆不定,而是把我们带入更加理性的思考中……

请思考:组建团队之后,你的战斗力到底是增强了还是削弱了?

请重新思考:是否要组建团队?如何组建团队?

辛辣的故事会

对于教师个体而言,出版专著看上去是难事,但是如果团队合作,就变得简单多了。例如,大家合作探索教育话题"班主任与家长的沟通",先各自实践,写成鲜活的案例;之后团队集会,对案例撰写的格式、字数、版式、内容等进行协调、规范;最后就是修改。而在此过程中,工作室中的资深教师负责整体考量、设计,包括编写目录,邀约专家撰写序言,与出版社洽谈,定期收集成员的稿件等。终于有一天,团队成员的稿件齐整了,出版社的合同签订了。于是,交稿、审读、校对、出版……一切变得那样顺理成章。

每个人都向前迈出一小步,团队就发展了一大步。这就是协作的力量。

关于懈怠,中国传统故事中最形象、最能说明问题的就是"三个和尚没水喝"。不要以为这只是个故事,国外也有过准确、专业的研究。

1920年,德国心理学家黎格曼就专门进行了一项心理学实验。实验要求参加者先独自一人拉绳,然后再以3人或8人为一组群体拉绳。原本以为拉力会随着人数的增加而增加,但实验结果却显示:随着人数的增加,拉力减弱了。比如:个体的拉力为63公斤,3人团体的人均拉力为53公斤,8人团体的人均拉力仅有31公斤。这就是团队懈怠的表现。

在团队合作时,常会出现拖沓、扯皮、推脱的现象。一份计划,如果一个人完成,没有人不能胜任。相反,如果变为小组合作完成,收集整理的组长会等到"花儿也谢了"。不是陈老师说没有计划好,就是刘老师说还差一点点,要么就是张老师说还在修改……当团体成员一起工作时,每一个个体都认为自己的努力被淹没在团体当中,所以责任感会降低,努力水平也大打折扣。有时候,也是一种观望:反正有别人使劲呢,我呀,能歇息就歇息吧。

20. 现代版的"桃园结义"

馨香的借鉴

教师这一团队,合作是必需的。关于合作,之前的章节中我们已经阐述过了。这里重点谈懈怠的消除与克服。有时候,这比知道怎么合作更加困难。

教师团队很容易形成懈怠情绪。其一,工作的高投入,让教师不堪重负。用"心力交瘁"来形容,没人不同意。其二,工作内容的重复也会导致懈怠与厌倦。特别是经验型教师,随着经验累积、方法熟练,很难产生新鲜感,直接导致懈怠。其三,社会期望带来的压力,也会让教师因为身心不堪重负而索性变得懈怠。其四,自己家庭、生活方面的不确定因素,有时候也会对教师造成心理影响。

如果承认自己的平凡和普通,就请用心去调动和借力于团队,让大家向着一个目标前进,分享胜利果实。你要做的,就是和团队成员共同演绎现代版的"桃园结义"。

首先,团队要有清晰的目标。目标清晰,团队成员要做什么就显得明确。即便外界压力大,心中有梦就有动力。梦想,会带给团队成员克服困难、迎接挑战的力量。例如,我在2017年成功立项了教育部福建师范大学基础教育课程中心开放课题——"'生动的语文'教学主张的确立及实践研究",由此展开了我的"教学主张"的专项研究。这也就意味着我确定了自己以及团队的前进目标。在整个研究过程中,团队伙伴同舟共济,齐心协力。在目标的指引下,大家都充满了干劲儿。

其次,团队的领军人要以身示范。每一个团队都有领军人,他是大家的榜样、楷模,就要以身示范。例如,我带着师门团队做课题研究——"基于核心素养的儿童写作教学法探索"。在研究过程中,大家都觉得"只要等两三年结题"就行了。而我担任课题组长,在两年间主动承担示范课、讲座,在研究期间就出版了专著,发表了数篇文章……我就是靠带头研究带给大家无穷的动力,让每个团队成员从我这里汲取力量的。

有人问:如果领军人不给力怎么办?很简单,换一个领军人,或者干脆换一个团队!

再次,优势互补,合理分工。大家如果都挤在一起干同样的活,那就是一个生拼硬凑的山寨团队。根据各个成员的优势、特长,进行合理的计划安排,实现优势互补,这就是消除懈怠的好办法。在课题组中,我的任务更多是示范、文字总结,心思缜密的成员制定研究进度、整理材料,手头勤快的成员负责课堂实录,口才好的成员负责课题汇报、会议主持……最终我们顺利结题了。

这是团队的胜利,也是个人的胜利。

心灵的贴士

成为"个体户"还是"抱团",你的选择应该是明智的。

21. 失败的风险有多大？

问过许多人，都说害怕失败。确实，失败带给我们巨大的风险感。你也和我一样，听闻过一些失败甚至是灾难性的，毁灭了整个人生。我们被无数个流传于世的"失败的故事"所震惊。

有没有想过：万一失败了，你会怎么样？

新出炉的概念

如果我们将"失败"与"风险"组合成一个新的概念"失败风险"，那么，首先要考量的就是：它的危害究竟有多大？而当我带着这个组合概念询问一些成功的企业家时，他们却笑得像个孩子。

对于每一个创业者来说，失败风险每日都在，而创业的最大风险并不是失败。失败的风险很可能极具价值，但危害却远没有想象的那么大。

相反，不少企业家说：最具杀伤力的风险就是对自我的盲目认可，陷入自满、无知、玩世不恭的自我麻醉中。他们还告诉我一个让我咋舌的概念——成功风险。

成功也有风险。你相信吗？曾仕强教授曾经说："一个成功者,当你举起酒杯向大家致敬时,迎合你的人群中,不少就是下一个阶段的对手。"

为什么我们那样害怕失败？其实失败不可怕,可怕的是因失败带来的损失。其实,这里还隐藏着"损失厌恶性"的概念。人们在进行选择时,相对于获得,往往更加看重损失。举个例子:你丢失一部手机带来的痛苦可能大于获得同样一部手机带来的快乐。

失败可以规避,损失很难挽回。

辛辣的故事会

在现实工作中,担任班主任是让青年教师害怕的一件事。当然,也有喜欢接受挑战,主动要求上岗的。但是越来越多"80后""90后"的教师,自己就是独生子女,要做个婆婆妈妈的班主任,想来都让人害怕。因此,他们希望能不当就不当。

起初,学校面对这样的窘境提出的条件是:担任班主任,在同等条件下,优先考虑晋级、提拔、加工资。满以为这诱惑很大,不承想几乎不起作用。大家宁可多熬几年,也不愿意受这份"罪"。后来,学校制定的制度是:不担任班主任,不予评聘职称;需要若干年班主任工作经历,工资才能晋级;班主任工作直接和考核挂钩等。

如此一来,所有年轻教师都申请担任班主任。给你看得见的损失,远比给你奖励来得有效。

我必须强调,不要把"损失"和"失败"画上等号。接下来分享一个失败的故事,就是让你看到失败的价值。

记得有次参赛,我执教的课文为《记金华的双龙洞》,当时的导师是福建省著名特级教师姚瑾。为了指导我这个小青年,她花了大力气。可惜,我不成器。

一个年段5个班,每个班分为2组,共10组。这是给我预教使用的。也就是说,在走上赛场之前,我经历了10次失败。有时候,几乎是彻底推翻重来,真让我有一种痛不欲生的感觉。记不清楚有多少次我提出放弃,幸好只是在心中发出呐喊。

这些失败带给我什么呢?不要以为仅仅是后来的市赛一等奖。

2010年,我代表福建省参加全国阅读教学观摩赛。8月抽签选定课文,10月底到异地执教参赛。其间的日子就是煎熬:到各校试教,不断推翻重来,前后经历14次,写下同一课的14种设计方案,光是教案设计的文字就有数万之多,都可以单独出书啦。更可怕的是,这期间我还接手了一个四年级新班,要一课都不少地完成班级常规教学任务。

之前失败的经历让我有了挺住的勇气,还有看到失败之后的曙光的远见。我一直坚信:所有的失败都是纸老虎,也许会有天使来引导我走出失败……真的,最后,我获得了特等奖。

我肯定,是失败带来了福音。

馨香的借鉴

失败的价值,是一种看不见的财富。但也不能得出可笑的结论:失败,无所谓。毕竟失败就是失败。我们要做的就是将失败带来的风险降到最低,在失败中找到可借鉴、可利用的价值。

遭遇失败,你能正视失败、承认失败吗?在失败面前,你能够沉着面对、冷静分析,这就是一种积极的态度。最大的失败是在失败面前惊慌害怕、一蹶不振。其实,不仅仅是青年教师,即便是大家眼中的成功人士,也会有失败故事,有辛酸的眼泪。

人生道路上,大大小小的失败是难免的。

看清失败。怎么看待失败?能否在失败中看到价值,取决于你是否有锐利的眼光、有辩证的哲学观。你可以保持自信与乐观,认识失败是让你成长的催化剂,是失败造就了你的成功。智慧的人,善于反思的人,会看到失败的教训,不会重蹈覆辙。同时,他们还会自我调剂,就像有个故事中说到的那个老太太,晴天时,为卖柴火的女儿高兴,相信柴火一定大卖;雨天时,为卖伞的女儿高兴,认为生意必定兴隆。

常对自己说:冬天来了,春天还会远吗?

看重失败。失败对于每一个人都是一次机会,让我们更加准确地了解自我、发现自我。只有真正经历失败,你才知道自己究竟有几斤几两,也才能调整目标,找准自己努力的方向。那些过高的目标,干脆放弃;有些偏离自己兴趣和能力的目标,就适当调整。还可以把大目标分解成若干个小目标,像之前那位马拉松选手一样,分阶段实现,把困难值降到最低。

这样看来,没有失败,很难成功。所以,失败是成功之母。

看淡失败。失败时,要寻找倾诉的渠道,让灰色的情绪得到宣泄,让失败带来的痛苦得到淡化。可以向亲人、朋友述说,寻求帮助和心灵的安慰。当然也可以向他们倾吐心中的不满和悲伤,得到精神支持和鼓励。这些力量都会帮助你尽快走出情绪的低谷。记住一句话:"把悲伤和大家说,就是给悲伤做除法。"

心灵的贴士

失败,只不过是给你一个看清自己的机会。

22. 你是我笔下的"想当然"吗？

我出过一本书《想当然作文大世界》。书的主人公是一个叫"想当然"的儿童，他写作文不经大脑思考，从来就只知道"想当然"。如果你也教语文，不妨抽空看一看。

写作文不能"想当然"，处理问题更不能"血热"，仅凭自己最原始的冲动。

新出炉的概念

如果我要介绍"想当然"这个概念，你会不会觉得是浪费时间？好吧，我承认这个概念早已家喻户晓，但是我敢说，我们常因它而作出错误的选择。

例如，一位教师准备复习，他根据往年试题的形式"走险招"，选择了猜题押宝，想当然地以为出卷的还是那位年级组长。最后因为出卷的人不同，班级总分一落千丈。再如，许多出了车祸的司机总爱说："我以为前车会继续前进，没想到……"注意，"没想到"换一种说法就是"想当然"。许多错误的投资都是"想当然"的结果，当投资者被询问犯错的原因时，总会用"我以为"

开头……

现在,你是否有兴趣听听"想当然"这个概念?"想当然"就是指个体凭主观想象,自以为事情应当是如何,但结果往往是始料未及的。

概念就是浓缩的精华,但是这样的案例却在我们身边屡见不鲜。

辛辣的故事会

"想当然"式的猜想结果和现实的差异,往往给人带来巨大的惊诧。

我到外地讲课,不少人第一次见到我都说:"啊?怎么是这样?"原来,大家看到我的真面目感觉和自己想象的差异很大。首先,叫"何捷"的,想来可能是个女生,如今来个男的,而且五大三粗的,简直是颠覆了美好的幻想。再说了,教师在大家的印象中,应该是瘦长身材,戴着眼镜,穿着白衬衫、黑西装裤的形象……然而,我却是现实版的黑旋风李逵:短发,矮壮结实的身材,大力水手一样圆粗的手臂,一张嘴就笑,没遮没拦的,就差手执两柄车轮大斧了。

更让大家意外的是,这样的老师,上起课来却还能"那样"。什么样呢?时而温柔,时而活泼,时而幽默,时而深沉,时而优雅……反正,课堂上大家能看到千姿百态的何捷。

这样的例子要是在儿童作文中找,那就太多了。做好事总是老一套:抱孩子,推车子,捡皮夹子……这些好事从20世纪80年代一直到今天,在儿童作文中就几乎没有发生变化。

为什么?儿童给出的答案是"编",都是瞎编的。在他们的编撰的故事中,好人就应该是时时刻刻做好事的,好人都是没有缺点的。一切都是想当然,不需要在写作前走一走、看一看、访一访,只要坐在家中闭门造车。也正因此,作文中描绘的世界和现实生活的差距越来越大。作文越来越假,越来越没意思,写出优秀的习作也越来越难。

想当然,居然能带来这样可悲的结果……

馨香的借鉴

"三思后行"就是告诫你:做事不能"想当然",不要草率作出决定,之后深陷后悔不安中。

特别是班主任,时常会批评教育孩子,这时候,他们很少倾听孩子的心声。相反,班主任总以为学生应该是坚强的,总认为学生能够理解、承受这份包含在严厉之中的爱。没有人关心:假如孩子不够坚强怎么办?批评伤及其脆弱的内心怎么办?我们总是觉得:你应该足够坚强!这是自欺欺人的"想当然"。

孩子怎么会那么坚强?他们只不过是没有说话的勇气罢了。低着头,一句话不说,忍气吞声,点头认错。这不能说明教师教育的成功,只能证明学生没有"想当然"中的那么坚强。

我们可以感受到那个低着头接受着教师大声呵斥的孩子,正承受着比自己所犯下过错更加可怕的心灵磨难。随着这样的形式不断被重复和强化,他们的内心将变得更加敏感和脆弱。待到他们长大后,这畸形的坚强将转化为可怕的叛逆和顽固不化的偏激。教育要是伤害了人,那是极具摧残性和终身有害的。

我也经常"想当然"。我喜欢引入竞争意识,鼓励好朋友之间竞赛,也一味希望能通过这种形式促进大家力争上游。未曾想一日收到一个孩子的百字作文——《我不想和她竞争》。文中这样写道:"何老师,我不希望您表扬我,我只想做好自己觉得该做的事……"意外!她没有我想象中那么坚强。她错了吗?没有,她在维护自己纯净的内心、纯粹的友谊,她在用温和而坚定的言语拒绝外来的压力,抵制竞争意识的渗透,对抗着不当教育对心灵的腐蚀。她没有我们想象中那么坚强,但她的内心是独立的、明晰的。成长中形成的理性选择,远比我们希望看到的坚强更加可贵。我提笔写下批语:我错了,你们都很可爱。

原来,儿童世界中,远比坚强更加可贵的是可爱。这可不是想当然。

如何督促自己"三思后行"呢?

你可以在作出决定前"思前想后"。这里的"前"和"后"就是多方考虑的意思。思考的时候,不要"一根筋",想问题的最佳方式就是多角度切入。例如之前的故事中,想到儿童能承受,就要想象他们不能承受的可能性有多大;想要引入竞争,就要想想竞争中的弱势群体是否承受得了。

作出决定前,你还要有"顾己达人"的情怀。"己"就是自己,"人"就是他人。每一个决定影响的,绝不仅仅是个别人。所以,不仅要为自己考虑,还要多为他人着想,这非常有助于你作出正确的决定。想到他人的处境、难处、喜好、接受程度,这是你教育人文情怀的体现。

最后,真要作出决定了,就要"知行合一"。"知"可以理解为你的认知、认识、意念,"行"就是行动。你所有的行动都要在意念的指挥下进行,不蛮干。

心灵的贴士

优雅的姿态,就是你付出行动前的静思,哪怕只有片刻。

23. 看到的未必真实

网络上,时常爆出反转,多冠以"最美某某"的"荣誉称号"。可没过多久就有网友辟谣:假的。喂老人吃饭的,原来是摆拍;给路人撑伞的,伞上面的广告才是重点;帮助晕倒的路人的,发现那个路人连续几次晕倒,而扶起他的人又总在关键时刻出现……

眼见未必真实。我想这是共识。

新出炉的概念

我们常说"耳听为虚,眼见为实",一定要自己亲眼看到,否则难以相信这是真实的。如今我们说:不管耳听还是眼见,都未必是真实的。

我们听到的、见到的,都是"结果"。即便就摆在我们眼前,也仅仅是一个"结果"。结果是事物发展到一定阶段时呈现出来的状态。对结果的认识、观察,存在"结果偏误"。也就是说,绝对不能仅凭结果作出判断。结果中带着许多没有过滤的信息,它们都将影响判断的准确性。

更别说,有些结果是听说而来的。

三人成虎,你可不要信以为真。

辛辣的故事会

结果的真实性究竟有多大?故事多如牛毛……

甲班的期末考试成绩领先,平均分远远高于其他班。根据这个结果,你是否认为甲班老师的教学水平很高呢?只要问问甲班的孩子就知道:为了这个所谓的高分,复习卷做得太多,批评和联系家长成了家常便饭,课堂没有趣味,课后负担很重……孩子对学习产生了厌烦,可能上升为一种怨恨情绪。这样的情绪,严重的话将影响孩子一生。你还会认为甲班的教师优秀吗?

乙班的美术展效果一流,布置得让人惊叹不已。这样的结果是否让你作出判断:乙班是个美术尖子生云集的班,是个美术教学成绩优异的班?你一定会这么想。要不,怎么相比之下,甲班的美术展像是幼儿园水平的,乙班的却像是中央美院的"后备役"?其实,乙班的美术展是请外援帮忙的,整个布置没有学生参与。更可悲的是,粘贴的画都不是出自该班学生之手,大多是外援直接带来的"课外美术培优班"的作品。而甲班的美术展是该班学生真实水平的呈现,只不过相比专业选手,他们的作品确实是"小儿科"。不过,你要的不就是锻炼和展示真实水平的机会吗?

现在,你根据结果判断,哪个班级的美术教学水平高呢?

这样的事例常见于校园文化周的各项比赛中:合唱节、作文赛、书法展……请不要根据结果作出简单的关联式判断。

还有一个例子,一般人我不告诉他,事情发生在我的儿子身上……

儿子上小学前就能不间断地完成1000米蛙泳。在大家眼里,这个结果是入学前暑假十余天训练带来的成果。你一定以为他是个游泳天才,至少是个爱好者。那是因为你没有和我聊一聊,特别是没有问问我儿子,你只是根据结果判断。如果综合考量以下信息,你会得出另一个结论。

事实是,每次游泳之前,我和儿子都要好好来一番"讨价还价",来一次"思想斗争",我还要作出不少许诺,他才肯下水……怎么样,你还有话要说吗?

馨香的借鉴

你是否以为结果就一无是处?不,结果当然有价值,它就是一个铁铮铮的事实。只不过,你不要太轻易根据结果作出简单的关联式判断。

关于结果,你可以……

想一想,带来某个结果的原因是什么。每一个结果都和原因密切关联,从结果追根溯源,分析原因,能让你比别人看得更加透彻。例如,儿童的成绩下降,这是结果。如果不加分析,盲目补习,就是加重负担。不如寻找原因:属于课堂纪律影响听课质量的,注重改善自己的课堂管理方式;属于学科知识缺漏的,及时补上;属于试卷难度突变的,就等待下一次正常难度系数的测试;属于考场意外的,完全可以忽略不计,转而鼓励儿童再创佳绩……

原因,直接决定你要做什么。

看一看,带来某个结果的过程是什么。我们都非常注重结果,但忽略过程,而过程才是最为关键的因素。即便是找到了原因,也要特别关注过程。过程中充满变数、教育的契机、改变结果的因素,过程是最具有研究价值的。例如,儿子畏惧游长泳是结果,学习的过程缺陷造成他游长泳需要耗费比他人更多的体力。在学习中,他的腿部动作不规范,手部动作不够舒展,这都导致他游长泳费力费时。所以,即便有成功的喜悦、有奖励,也难以抵消他的畏惧感。过程,让我们发现最为根本、更为隐蔽的原因。

剖析一番,结果究竟意味着什么。看结果,不要只看表面,可以剖析结果的方方面面。如这个结果将给个体带来什么影响;这个结果对今后的发展起到什么作用;这个结果说明个体存在什么缺陷;这个结果是否预示个体努力的方向……如果你学会将结果当作一种指示、一种资源、一次机会来看,这个结果的意义就增值了。例如,我长期担任班主任,也有要改变这个结果的想法,但是转念想到:这就是上天给我一个在平凡岗位修行的机会,为什么不珍惜呢? 于是,我在这个岗位上也尝试作一些探索,如今也出了这方面的专著。

好结果,对于你来说,未必是好,履霜坚冰至。

坏结果,对于你来说,未必是坏,否极泰来。

结果没有好与坏之分,只有你怎么看、怎么利用的差别。

心灵的贴士

远见,就是看到常人看不到的东西。

24. 落入凡间的"佛祖"

寺庙里、神龛上、图像中,我们所能看得见的佛祖都有一些特殊的"标志"。小时候,我印象最深的就是,佛祖的脑袋后都有一个圆圆的光环。我很纳闷的是:这个光环为什么能如影随形,还不掉下来?

确实,有了这样的光环,佛祖显得高大伟岸许多。凡间,也有这样带着光环的人,在芸芸众生中,他们显得耀眼、突出。这一篇,我们聊聊名人效应。

新出炉的概念

准确、形象地说,我要说的应该是"光环效应"。

不妨这样想:名人总是有光环的。所以,这个心理学上的概念"光环效应",也可以叫"成见效应",或者是"光晕现象"。在人际相互作用过程中,我们对知名人士、成功者、社会名流、权威专家等,容易形成一种夸大的社会印象。正是因为这样的夸大,我们容易忽视或者错误地估计对象的本质。就好像一些粉丝无法接受明星的缺点,甚至都不能接受他们已经结婚这一现实。我们不相信一些伟人也会有凡人一样的喜怒哀乐、七情六欲,有时看到他们进餐的照片都会感到意外——他们还要吃饭啊!

如果你被光环效应所困扰,至少表现为对一个人的最初印象会失之偏颇,你很难发现对象的真实品质,你可能会形成一种非常武断的好恶成见。

光环效应很可能是以点概面,是盲人摸象,是用主观的推断得出泛化的结果。可想而知,这样的结果,容易让你作出错误的决定。

现在请你罗列一个清单:在你身边,具备光环的人都有谁?

再请你想一想:你对他们的印象是什么?发现他们的优缺点了吗?

相信你已经得出结论:你已在光环中发生眩晕……

辛辣的故事会

你可以到网络上搜索因为光环效应而产生错觉的故事。或者,青年教师干脆看看自己吧,你就是故事的主角。

阅读这本书,就是要让你的思维变得活跃,能想到非"常"的方面。接下来我和你分享的故事,曾经让我欣喜,因为当时我正享受着光环效应带来的优越感。

十几年前,我还是一级教师,在成为高级教师之前,有漫长而又无奈的等待,我不愿和人提起心中隐隐的痛。于是,我将所有的精力付诸行动,痴迷地投入到作文教学的研究中,选定"游戏作文"和"百字作文"两个小课题,一边学习一边实践。

也许是找到了孩子习作进步的小窍门,短短几年我竟然取得了不小的成果,发表文章近500篇,受聘于各地进行示范教学。最值得高兴的是自己执教班级的孩子普遍喜欢作文并且擅长写作:60人的班级,学年平均发表习作200余篇。我很荣幸地受到孩子们的"热捧",成了他们家中茶余饭后的议论焦点。福州地盘不大,我的情况大家都了解,所以本地的家长们从来不问我的职称。

偏偏有位来自外地的妈妈"哪壶不开提哪壶",在一次沙龙时,当着许多人的面认真地询问:"何老师,你超棒的,应该是特级教师吧?"我尴尬一笑:"我只是一级教师。""一级教师一级棒!原来最好的教师就是一级教师啊!"此言一出,大家纷纷认同:一级教师就是一级棒的教师嘛!

无法形容我当时的惊讶,但至今清楚地记得,那天回家后我彻夜难眠。对自己的重新认识和定位竟然就因为这一句话,就在这一瞬间改变。应当承认,职称是个人实力、水平、经验的证明,高级职称更是对个体工作能力及成绩的认可,是很多人追求的目标。假定"小学中学高级教师"是美丽的山顶,二级、一级、高级教师就是攀缘的过程。当教师们在奋力向顶峰攀登时,请不要错过沿途的风景,因为过程同样精彩。

从那以后，我学会了欣赏和肯定自己。当报纸杂志要做我的专访时，我兴奋地告诉编辑"我是一级教师"；当给骨干教师做讲座时，我自豪地在名字下打上"一级教师"四个字；当年轻的同行们羞于谈及自己的职称时，我微笑着勉励他们"我也是一级教师"；对于我的学生和家长们，我更是直接告诉他们"我是一级棒的教师"！

馨香的借鉴

如何避免"光环"射出的干扰呢？

从"中国好声音"中，我们发现一种很有效的方法：盲听。你要评析的是"声音"，就得把视觉的评析暂时封闭，用耳朵作出判断。隔绝干扰，你将听得更加纯粹。

从"明星的假药代言"中，我们发现一种必须具备的心态：不盲从。不要因为听闻对方是某某"大腕"、某某权威，你就屈服、顺从、膜拜。不可以！记住吴非先生的话——不跪着教书。同理，不跪着看名师，不跪着听课，不跪着巴结上级，不跪着丧失自己。立起来，一撇一捺才是个"人"字。

从"淘宝购物经验"中，我们发现一种简单可行的技巧：不盲目。下单购物，多有后悔的。妻子的经验是：下单前，不盲目，多看看用户评价，特别是差评、"二次购买"者的评价，不要被数以千计的好评蒙蔽了双眼。这条，确实管用。

此外，你还可以尝试让自己的光环也越来越亮。

你可以从现在开始，点亮星星之火。找准自己最擅长的，选定自己的发展方向，让星星之火在未来可以燎原；你可以不断调试光圈，调整并确定自己的研究范围，让自己的研究更具有可行性、适应性，受大家的欢迎，被更多的人使用；最后你可以蓄积力量，作好推广、传播、协作，让大家都看到你的光环。

心灵的贴士

你想给别人看的是好的一面，你所能看到别人的，也是好的一面。

25. 你以为你是谁？

如果有人问"你以为你是谁"，你会怎么想？

不要以为这是挑衅。这个问题很可能会带你进入一个思考的空间，让你知道你究竟有多么重要。我有必要告诉你一句话：这个地球，少了谁都一样转，多了谁也就只能转成这个样。

新出炉的概念

在日常生活中，我们会遇到许多事件，融入各种环境。此时，我希望大家有比较全局、系统、宏大的观照。因为我们的习惯思维，很容易让我们陷入"个人聚焦"。也就是说，我们很容易将注意力聚焦在个人身上。

聚焦个人，会让我们高估个人的影响，特别是某些知名人士。同时，也会让我们低估环境、团队、历史背景等重要因素的影响。

一堂课上得很好，我们会说这个教师很有前途。可是，你忽略了背后的团队，很可能这个青年教师仅仅是一个传声筒。

一件事搞砸了,你会埋怨当事人。可是,有可能他只是按照指令行事,而真正发出指令的人却高枕无忧。

特别是名人,他们的成与败似乎都显得那样重要。其实,很多时候他们也只是在集体、团队的共同努力下获得进取,或者遭遇失败。

而我们会说:都怪你!

辛辣的故事会

"你",真的没那么重要。别以为你是谁,不要期待别人都要如何看待你。有时候,大家真要聚焦在你身上了,我看未必是好事。悄悄问一句:真要出门看到狗仔队用相机在拍你,受得了吗?

听交响乐演奏,我们的议论焦点都在指挥和首席上。但我希望你听一听下面这个故事。

一次,有个著名的指挥家在临上台时突然生病。乐团的经理非常着急,问:谁能代替指挥家?原本以为没有人愿意承担这样的重任。没想到,几乎每一个乐手都从身后拿出一根指挥棒:我能!

你一定在想故事的结局:演出是否成功?

不用想了,当然成功。因为这只是一个虚构的励志故事,原本要告诉你的是:机遇只留给有准备的人。我讲述这个故事的目的是让你感受:一个人,真的没有那么重要。

在小学执教时,我曾有一个机会可以离开。要知道,我所在的小学是福建省首屈一指的名校。当大家知道我有"动"的意向时,都来劝我。大体上是说:你很重要,单位离不开你。我被这样的劝慰打动,沾沾自喜,选择了留下。

我的"算盘"打得清楚——享受名校资源带来的福利。但在后来的一年中,我渐渐意识到:不能躺在名校的光环下慵懒地睡着。任何一所学校,一个单位,少了一个人,依然能够正常运转。青年教师应该打算的是:如何在好的环境中去发展自己。

也就是说,不要把自己看得太重要,要让自己变得很重要。

最后,我调整心态,在自己的班主任岗位上进行修炼。把岗位当作道场,把平凡的工作当作磨炼,当年就出版了班主任工作的相关专著,这是我所在城市的第一部由一线教师撰写的班主任工作专著。

看清楚自己,才知道自己可以做什么。看不清楚自己,你就是小朋友笔下的"无头苍蝇":整天飞,终日忙,不知道是为什么,也不知道做了什么。

还可以这么想:个人生存,死亡的危险系数很大。即便你是狼群的首领——头狼,离开团队,孤独的你也只会蹒跚走向死亡。只有在团队中,你才是领袖。所以,不要过度关注个体,个体不要忽略群体。

馨香的借鉴

在你作出选择之前,不要过度关注个人、高估个人的作用。任何人和你一样,都不能起绝对的决定作用。如果你是冲动型的,你很容易被各种"谬误"所左右。虽然,你可以和哲学家一样,宣称自己是理性的,但即便是亚里士多德这样的大学者,犯错也是司空见惯的。

不需要自责,是人就会犯错。从思维的运作来看,人在作决定时有两个思维系统。第一套系统就是直觉。大多是无意识、不费脑力、随性的,冲动快速地作决定,就好像你看广告就决定购买一件商品。第二套系统是消耗脑力的。需要集中注意力,深思熟虑,基于规则,考虑周全,多方设计,周密判断,其间伴随着反省、自制。换种说法,就是"三思而后行"。

现在,作出选择前,你知道要关注些什么了吧?简单说,可以看一看历史,看一看同伴,看一看发展。

看历史,了解来龙去脉。比如,选择加盟一所学校,看看学校的历史、历任校长的教育主张、学校的大事记,都有助于你作出正确选择。再比如,选择加入一个课题组,对这个课题的选题也应有所了解:这个课题的关键词是什么,它的学理依据是什么,当代的研究现状是什么……了解这些,选择不会盲目,也更适应自己。

你可能会说,很多时候是没有选择权的,你只有被选择。无奈都存在，不管你接受不接受。我只是想告诉你：除了无奈，你还可以在一定范围内选择。譬如，你可以多看看团队的伙伴，找到有情有义的人合作。情是人与人交往的基础，义是人与人交往中的无价之宝。和有情有义的人多接触，组成共同体，这是一种非常明智的选择。例如在单位中，你完全可以有选择地和一些投缘的伙伴一起完成任务、共享资源。你会发现，任何工作有人分担时，可能就会让工作的过程变得快乐。

有的时候，是他人觉得你无情无义，因为你把喜好写在脸上。其实大可不必。和气敷于面，情字藏心间，义气施于人。得道多助，失道寡助。

所谓看发展，就要明白两点：首先，人和事都会变化。你不能仅盯着当下，特别是不要在心里算计——我能马上得到什么。其次，我能准备些什么。眼睁睁看着他人，不如好好反思自己：和他人的差距在哪里，如何弥补差距，如何设计自己的特色之路……把这些想明白了，就是看到了整个环境。环境就是路，路看清楚了，走起就好！

心灵的贴士

当你真觉得自己没那么重要时，一定会有人对你说"我离不开你"。

26. 找人给你挑刺

你觉得自己毛病多吗？你愿意承认自己的缺点吗？答案五花八门。即便你愿意承认，真正要改的时候可能会说：江山易改，本性难移。

有什么办法让你发现自己的问题呢？

新出炉的概念

一个团队一起攻克一个课题，不少人总会觉得团队对自己的鼓励与肯定太少了，自己为这个课题的顺利结题付出了太多的心血。有的甚至会说，少了自己，课题研究几乎要流产。

经历一次公开教学的失败，青年教师私下聊天的时候会埋怨：都是导师设计的失误。特别是参加时下流行的"同课异构"类型的教学比武活动，青年教师认为自己应该承担的就是展示导师的设计，而失败的恰好就是设计。

我们常说：人是自私的。其实，真正自私的人不多。但很多人容易被卷进"自利偏误"的旋涡中。

自利偏误是指人们倾向于把自己的成就归因于自己内部的

因素,譬如:自己的实力,自己的水平,自己的智慧。最不济的也会说:没有功劳也有苦劳,没有苦劳还有疲劳。而当失败来临的时候,有人又会倾向于把失败归于外部因素,譬如:天时不如意,地利不有利,人和不能和,别人有背景、有后台,评委有偏爱,制度有偏颇,唯独我什么都没有……

自利,从某种角度说,是一种自我排解、自我安慰的本能。但它带来的偏误对我们的进步却有影响。所以,有必要认识并规避它对自己造成的影响。

辛辣的故事会

班级管理中,我们常常发现很有意思的案例。

教室的卫生状况堪忧,我问同为值日生的学生怎么回事。

A 说:我做了卫生啊,还倒了垃圾呢。B 说:我也扫地啦,也倒了垃圾。C 说:是啊,我也参加啦,还帮忙整理了最后的一袋垃圾……

可事实是,地面纸屑随处可见,满满一袋垃圾静静地躺在垃圾角。不要简单地以为这是撒谎,很可能是学生在被询问的时候,仅仅是受到自利偏误所控,本能地想保护自己。

两个孩童打架,问其故。有趣的是,几乎每人张嘴就说:不是我,是他先动手的。我们都知道先动手的必定只有一人。于是,很多教师就充当起侦查员,办理起一桩糊涂案来,可闹到最后往往也不知道究竟是谁先动手。

当成年人费力寻求"真相"的时候,有没有想过你要的所谓"真相",其实并不是那么重要。仅仅是自利偏误在作祟,但我们却被这偏误牵着鼻子走,浪费了时间。

教师们要晋级职称,要参加职称考核。遭到失败时,我们经常会说到各种"不公":A 评委和某君很熟悉,他心照不宣地给了某君高分;我抽签运气很背,整个上午轮到最后才是我,当然发挥不好;我准备的是 Q 文,可惜抽到了 B 文,要是片段教学考核的是 Q 文,也许我就是这一次考试中最高分的得主……

可如果回看考场监控录像,你会发现,问题就在自己身上。

馨香的借鉴

我们很少自责,很少埋怨自己。我们不愿意承认是自己的缺点导致失败,我们习惯性地将责任推给别人。但这不代表你就是自私的,只能说,你还没找到进步的突破口。

大部分时候,失败的原因就在自己身上。几乎可以说,发现自己的问题,就是进步的开始。不要愁没有方法,改变其实很容易。

如果你有胆量,可以约一个和你相处得不那么融洽的同事喝咖啡,请他为你挑挑刺。我保证,这是非常有效的方法。首先,发出邀请时态度要真诚,毕竟你们之间有些隔阂,你的邀请会让对方觉得意外。其次,相互之间聊天要开诚布公,你可以这么说:"说明白些吧,我就是请你来帮助我的。告诉我,我的缺点究竟是什么。"

特别要提醒的是,在这样的聊天过程中,你的主要任务就是听,不要急于争辩。一旦你开口为自己辩护,很可能这样有意义的谈话就结束了,之前付出的所有努力,包括你的真诚就打了水漂。

这时也许你能发现:没有倾听的耐心,就是你的缺点。

我还常常用对比的方法发现自己的缺陷。最简单的就是和从事同样工作的人对比。譬如都是班主任,看看同事是如何处理班级工作的,自己是怎么做的。在对比中,即使觉得自己做得还不错,也可以去发现改进的方向。更何况,我常常从对比中发现自己做得很不够。特别是那些经验丰富的老班主任,他们有些秘诀是传家宝,青年不够真诚,是无法求得"真经"的。例如,怎样控制自己的怒火呢?一位老班主任告诉我秘诀:当你要发火的时候,就当作自己的儿子在场。这个时候,你会收敛怒火,会注意言语不要伤人,不要含沙射影。毕竟,你不愿意让子女看到一个可怖的父亲的形象。

一句话就解决了困扰我十余年的顽症。

最有效的办法就是静思。静坐常思己过。汪曾祺先生记得其父亲书房有一条幅:无事常此静坐。禅意就在其间。偷得浮生半日闲的时候,在此静坐。静坐时,眼观鼻,鼻观口,口观心,反思自己的言与行,是否有不恰当的地方。这是一个非常有益的修身方法,养心、养性、养气,也养身。

原先,中国人喜欢静坐。如今,中国人因忙而奔波的居多。静不下来,就是你要反思的第一点。好吧,从这里开始,出发……

心灵的贴士

教师,"忙"不能成为你的口头禅。

27. 你是食尸蟑螂吗？

偷偷告诉你，我家饲养过许多宠物，有的十分威猛，比如绿鬣蜥、海南捕鸟蜘蛛、菜花蛇……但是，有一种常见的生物却是我的克星，一见就有些魂飞魄散的感觉，它就是——蟑螂。为了不在接下来的阅读中谈及色变，我们还是用它的昵称"小强"来代替吧。

没错，我很怕小强。你呢？很多人都有一种专指的"动物恐惧症"。

新出炉的概念

为了在我居住的地方消灭这古生物中的"战斗机"，我尝试了各种办法。其中，"下药"这一招真管用。坚持一段时间用药，小强那丑恶的嘴脸就很难看见了。偶然看到此族，也都是歪斜着身子，蹒跚着步子，没有往日那种矫健的身手。

不要以为现在你读到的是《物种起源》。我马上要和你介绍的概念就是"蟑螂效应"。

德国一家公司发明了一种治蟑螂的药物，这种药物具有神奇的功效。一只蟑螂吃下了这种药物,并不会马上死亡,但药物的毒性将会扩散至蟑螂的整个躯体。蟑螂有一个独特的习性,一只蟑螂死亡后,别的蟑螂会一点点地蚕食死亡蟑螂的躯体。当中毒的蟑螂死后,别的蟑螂又会相继中毒,直到全部死亡。蟑螂之间相互传染的效应,我们叫作"蟑螂效应"。

不谈小强了,谈人事。"蟑螂效应"在人群中同样存在,特别是学校,可以用"常见"来形容。"蟑螂效应"的威力远远大过"一粒老鼠屎坏了一锅汤"。一粒老鼠屎掉在汤水里,这锅汤自然不能再食用了。但是,不能食用的只是这一锅汤而已,别的汤还能食用。而"蟑螂效应"不只是坏一锅汤的问题,如果发生了"蟑螂效应",可能会坏很多锅汤,会坏所有的汤。

现在想一想,谁是那只服了药的蟑螂……

想一想,你是否正在啃食他……

辛辣的故事会

某学校总是在教师群体中弘扬"老黄牛"精神,这原本不错,但是操作上出了问题。

大家发现,总是被表扬、被奖励的那几只"老黄牛"实际上只是下班比较晚、回家比较迟,说白了就是动作比较拖拉的人。而动作迅速、有时间观念,也比较顾家的教师,总是被"有色眼镜"定性为"耍小聪明""自私""不够敬业"……

发现规律后,大家都学聪明了——拖拖拉拉晚回家。一时间,下班后整座办公楼灯火通明,看上去挺美的。可是,电脑中播放的是韩剧,耳机里传出的是音乐,心里想着的是:耗着吧,谁怕谁啊?

学生的学业负担没有减轻,教师的教学水平没有提高,学校的各项工作却成了皮球——你踢给我,我踢给你。相互扯皮,相互推脱,学校的正常教学秩序都受到影响。

"蟑螂效应"对人的影响最明显。班级管理中也同样要注意"蟑螂效应"。

例如某学生上课纪律很差,总是挑事儿。年轻班主任就要将这个学生视为工作重点,尽快帮助他端正学习态度,遵守规章制度。否则,有可能会出现扩散蔓延之势。当你的管理威信在一个学生身上失效的时候,"蟑螂效应"就马上体现出来了。

学生最常说的一句话是:他都可以,为什么我不行?

馨香的借鉴

"蟑螂效应"好像无时不在。怎么办? 能否将"蟑螂效应"转变为一种"正能量"呢?

"蟑螂效应"是毒性的传播,那么,是否存在正面的"蟑螂效应"呢? 答案是肯定的。人既然可以被负面的影响而"中毒",肯定也可以被正面的因素影响。这个正面的"蟑螂效应"就是榜样的力量与正面环境的影响。

每个时代都在树立不同的榜样,虽然他们有各自的时代背景,但都是正面的形象。古代有岳飞、文天祥,现代有雷锋。当然,随着社会价值观念的不同,这些榜样也有不同的价值取向。对于学校教育而言,最简单有效的就是在班集体、在学校范围内树立一个典型榜样,让孩子们看得见、学得了、比得上。

在我的班上,就有各种各样的奖励。写想象作文,谁的想象奇妙,就获得"J.K.罗琳奖"。一来借此机会让孩子认识一下想象界的世界级大腕,二来引导孩子阅读畅销书《哈利·波特》系列,三来让孩子有一种很确切的满足感、自豪感。写散文,就来个"朱自清奖";写小剧本,就来个"莎士比亚奖";写童话,不用猜,就是"安徒生奖"啦……每次评价都像颁奖现场:由教师选定的孩子朗读作品,请需要"PK"的孩子自由加入,最后全班投票,得奖者述说感言,我提供书本或是我的硬笔书法作品为奖品。就这样,孩子们在一个个奖项中,自信满满地参与习作,让自己成为大家的偶像。

此外,还有花样繁多的班级"奥斯卡"奖项,我觉得应该成为青年教师班级文化建设和管理的常规。如:纸屑发现冠军,桌椅摆放"墨线达人",红领巾终年不忘奖,黑板保洁大使,讲台最爱人士,广播操王子,路队排头兵……每一次奖励,都是在树一个典型。

环境就是最大的教育力。要想形成正面力量的"蟑螂效应",就要着力做好班级环境建设,之后再用环境的力量来影响环境中的每一个人。

要利用"蟑螂效应"发挥正能量,营造一个好的环境与氛围非常重要。

心灵的贴士

学好三年半,学坏三天半。要由坏到好,你自己算一算,自己看着办。

九九归一：混沌中看到的光

阅读这本书，你是不是要和自己作对？你做得最多的是不是否定自己、重建自己？

如果你真的有这样的感觉，那么值得恭喜，因为这是进步的征兆。

其实我们常浑浑噩噩地生活，自以为清醒，而灵魂一直被暗黑的物质所包裹，被愚蠢的想法所迷惑。我们最多是自以为聪明，自以为做的是对的，自以为这么活着很科学……

太多时候，我们总是被混沌所笼罩。幸而，还能阅读，让我们在混沌中看到光。当下的一线教师，受社会大环境和学校教育性质的悄然变化、学校管理制度缺陷、个人追求目标与结果不匹配等因素的干扰，在整个中国教育的转型期，很容易被扑面而来的职业倦怠所侵袭。

社会舆论以及学习的经典案例，好像无时无刻不在告诫一线教师你的责任有多大，你的前途有多凶险。如今，学生在学校中有任何闪失都可能导致你职业生涯的终结。所以，有"智者"无为消极应对，有"能者"威严苛厉把控，也有的油滑讨巧、木讷钝行以避之，但唯独少了一份真性情。身处一线，我能在和同伴平等放松的交流中，听到真实的声音。此时的话语中少了和领导表决心时的豪言，少了做报告时的冠冕堂皇，更多的是对"苦"和"累"的埋怨。我敢肯定：真教育，需要真性情，呼唤真爱。

所以，在这九篇文章中，我更多是让你自己去实践，让你对自己、对环境、对同伴、对名人……有更多、更全面的了解。现在，悄悄告诉我：你是否开始改变过去陈旧的观念、冲动的个性，开始学会冷静思考、冷静判断，像猎豹一样等待后闪电出击？如果你还能在失败时看到价值，也许下一部书的作者就是你。只有有智慧的人，才能笑对失败，从中汲取力量。

记住，身为教师，你的尊严来自你教学的勇气与教育的智慧，来自你教师的身份，你是学生成长和学习的捍卫者。

拿起笔，写下此时真实的心声：

我最希望学习的是 ....

....

....

可能遇到障碍的是 ....

....

....

让我感到心安的是 ....

....

....

....

28. 别拣软柿子捏

我们常说某些人"尽拣软柿子捏"。意思再明白不过了,说的是他总是有选择地欺负老实人、欺负弱小。每当我们说这些话的时候,心中都会浮起一种自豪感,仿佛我们自己是拣硬核桃啃的英雄。而实际上,如果没有人监督,我们的选择究竟是什么呢?

新出炉的概念

作个可爱的假设,如果一切都由你来做主,你会不会陷入"自我选择"效应呢?

自我选择就是指你的选择将决定你的未来、你的生活、你的一切,自己对自己负责。按照前世、今生、未来的观点看,今天的生活是由 3 年前的选择决定的,而今天的选择将决定 3 年后的生活。

老话说:男怕入错行,女怕嫁错郎。说的就是选择。特别是自我选择,自己认定的事对自己的影响是巨大的。

在自我选择上有非常著名的"霍布森效应"。1631 年,英国剑桥商人霍布森贩马时,把马匹放出来供顾客挑选,但附加上一个条件,即只许挑最靠近门边的那匹马。显然,加上这个条件实际上就等于没有选择,不让挑选。对这种无选择余地的所谓"选择",后人讥讽为"霍布森效应"。如果教师陷入"霍布森效应"的话,就只能听命行事、认命而为,很可能会演变成随波逐流、明哲保身的"等退休"式的工作状态。

辛辣的故事会

自我选择,其实就是自我拟定出各种不同数量和质量的方案,进行对比、判断、甄别,作出合理的决策。这样看来,选择正确就是成功一半。接下来大家要看到的,原本算是我的隐私。

我的从教不是自我选择的结果。18岁那年,家境贫寒,父亲一人要养活全家四口,就让我上了师范学校,图的就是"免费"二字,还有一个月30元左右的伙食补贴。姐姐则到了幼儿师范学校就读。这样的选择也暗含着我们今后的命运需要再次挣扎、改变。

果然,姐姐对体制特别不适应,毕业后就选择自主创业,现在已经成立了自己的公司。我对体制不适应,但还能勉强接受,所以就专心做一个研究型的教师,学校的一切事务和我无关,还曾经因为读书而三次辞"官"。

可能是秉承着"学而优则仕"的传统理念,我当"官"了,出任毕业年段的段长。这可是学校中的要职,是"要培养,要提拔"的信号。为"官"可不轻松。我用了一个暑假设想自己应该怎样管理、组织、协调好年段各项工作,怎样和同志们相处,怎样确保学校各项工作能上情下达、贯彻落实,怎样让毕业班孩子度过愉快而充实的小学最后一年时光。

一切好像都在计划中,但上任第一天,我就不适应了。我发现,我很害怕自己的时间被琐碎的事挤占。原来的我,对于教学研究和阅读两件事是很自私的:每天沉醉于书中,看孩子做操时要读几页,午餐后要读几页,课间值班要读几页。现在呢,集会时我要关注年段,最起码,段长不能抱着书优哉游哉,不管不顾吧。眼睁睁看着时间不断溜走,我无法忍受。几年来我沉醉于作文教学,每天都随身带着小纸条,凡有素材就及时记录,时常"沉醉不知归路"。现在呢,我的小纸条上记满了卫生大扫除时间、年段安全教育注意事项、民主生活会主题,刚发现有趣的素材要摄取时,手机响起,会议通知来了。心不断被干扰让我烦躁不安。往常需公开教学时,我能对着镜子不断纠正一个细小的肢体语言,能把一句教学语言含在嘴里重复数十遍。现在呢,我满脑子想的是年段主题活动、各项评比展示,甚至连常态教学有时也需在匆忙中应付。这种无奈更让我深感愧疚。这"官",当得好辛苦、好狼狈。因此,辞"官"的想法形成了。

早听说做官难,辞官易。没料到我的辞"官"之路还颇费周折。先是和德育处领导说出自己的想法,他说此事重大,需校长定夺;再找分管德育工作的副校长,她对我做了一番思想工作后,发现"九头牛拉不回",于是告知我此事唯有正职校长方能做主,并一再劝我三思后行;鼓足勇气找到正职校长,解释了半天后,分明能看出他脸上的惊愕和不悦。若不是我平时多在工作中流露出"拼命三郎"的狠劲儿,还真有说不清的话柄。可不管怎么说,终于辞"官"啦。

馨香的借鉴

自我选择和我们之前说到的选择还有区别。

自我选择,完全是一种智慧的考量。如果选择了某项职业,在从事了一段时间之后,就会慢慢积累起这项职业的专门技能。如果半路出家转行,必然经过一个艰苦的"换羽"过程,而且要付出相当大的成本。特别是传统的教师行业,经年累月地积累自己的执教经验是非常重要的。也许你会看到身边一两个青年得志,上天给他们的"天资聪慧"这一恩宠你得不到,就不要再妄想了。不如看看自己能做什么,拿出有限的智慧,好好选择。

踏上教师岗位之前,麻烦你想清楚,否则你可能要用一生去承受选择失误带来的痛苦。也许你会说"跳槽"也不错啊,现在流行"树挪死,人挪活"。是否转行的决定权依然在你手中,但是你所剩的生命却在老天手中。余世维博士说:"职场中频繁跳槽的,我还没有看到非常成功的。特别优秀的员工不需要跳槽,特别糟糕的员工跳槽后也同样糟糕。"如果你不幸是某一种"特别",请问:如何选择?

　　自我选择,更是来自心海的回声。选择的时候,权衡的不仅仅是利与弊、得与失,更重要的是自己的兴趣、志向、愿望,要问问自己的心。先贤庄子的故事一定会给我们启发。楚王想以"千金"聘其为宰辅却被拒,庄子说自己愿意在野以自得其乐,终身不仕。有人说他不懂得什么叫快乐,庄子说:"你不是鱼,怎么知道鱼的快乐? 你不是我,怎么知道我的快乐?"跨越时空想想看,当时庄子的选择是何等畅快淋漓,他听从自己的心声,追求的是心灵的洒脱和静寂,唯有如此方能"得乐土,以快吾志"。唯有这样的选择,才不会让自己留下一点儿遗憾。对每个人而言,选择就是找到属于自我的乐土。

心灵的贴士

　　"买定离手"的意思就是,选择了,不许后悔。

29. 为什么受伤的总是我？

有首歌中唱道：为什么受伤的总是我？我究竟做错了什么？现实中，你是不是感觉受伤的总是自己呢？你是不是羡慕别人的幸福、快乐，是不是希望自己也过上这样的日子？期待美好，关键在于你要知道美好的感觉怎么来，幸福会不会来敲门。

新出炉的概念

享受，很难满足，或者说满足的时间很短暂。这里牵涉一个很有意思的概念——"享乐适应"。也许你想不到，这个概念来源于对偶然中奖的研究。心理学家发现，偶然间中了乐透大奖的人，他们的快乐不会持续很久，也许心中会掠过一阵狂喜，但是很快会平息。例如，第一次获得的奖金额度是500万，下一次再中500万的兴奋度就要大打折扣，也许要来个1000万才能达到第一次的兴奋点。特别是在赢得奖金的一年后，他们并没有比未中奖的人快乐。

当环境的改变给人带来快乐时，人们通常会很快习惯环境的改变,恢复到平常的快乐程度,这就是"享乐适应"。理解了"享乐适应",你就能够理解:为什么加了工资你不会快乐很久,买了新车你不会快乐很久,有新房子你不会快乐很久……快乐,难不成是人间最短暂的毒药?

辛辣的故事会

喜欢换手机的,大多被"享乐适应"所控制。我有一个电子控的朋友,我们都是20世纪70年代生人。最初他拥有一台传呼机,心满意足。很快发现还有中文的传呼机,立刻就换了。后来满街都是"大哥大",怎么说也要攒钱买一部,别在腰间,不用都觉得气派。再后来就是摩托罗拉的掌中宝,追求小,直至后来不断更新,智能机成为主流。如今的他,依然在追求某品牌手机迭代更新的路上,但快乐逐渐减少,痛苦正在增加。更换的速度赶不上手机升级出新的速度,但是内心的渴望或是追求更新的习惯让他卷入其中,无法抽身。

教师评职称也是这样。起初是见习教师,后来是二级教师、一级教师、高级教师,之后是更诱人的"小学中的中学高级教师"。现在呢?更是了不得,小学教师可以被评为教授。

我也在不断追求着评职称、晋级。为什么?享乐适应的时间越来越短。评为一级教师的时候,心里特别舒服,好长一段时间感到满足;评为高级教师的时候感觉"人生无憾"了,但很快就发现没意思,这是自己该得的。所以,追求成了一种负担,欲望总是牵绊着真正的人生享受。

馨香的借鉴

规避这样的"享乐适应",最好的办法就是设定目标,不断奋斗。享乐带来的幸福感不能持久,幸福是眼前的花,你要伸手去摘,已到的幸福是握在你手中的花,冷暖要你用心感知。

林清玄曾给友人厅堂题字:常想一二。友人不解,林清玄说:人生不如意十之八九,我们要常想一二。禅意在其中:常想一二,理智地避开来袭的不幸。不幸为什么容易成为常态?因为你和他人共处在一个空间中,每一次自觉或不自觉的比较都会让你的心一直无法平静、平衡、平和。同事职称评上了,同事升迁了,同事的脖子上多了一条翡翠项链,同事的挎包抢眼地写满"LV",同事的事业大展……即便是所有的比较结果都颠倒过来,你占据了上风,比较的思维惯性也会让你开始担忧别的问题:我评上职称别人会不会说我走后门,我升迁了别人会嫉妒吗,一条翡翠项链、一款名牌包包会让别人怎么想……我们生活在彼此依存的世界里,无时无刻不与他人对比,这是不幸的滋生根源。如果不能意识到,不幸将如噩梦伴随着你的一生。退休后,可能还要比退休金、退休待遇,甚至是最终归宿地的选择……如何才能获得相对持久的幸福呢?

不幸为什么容易成为常态？就是因为惯用的比较思维，让你饱受自己的干扰。你不知道别人的过往和经历，根本就不具备也不需要进行徒劳自伤的比较。因此，我们提出的"理智"就是主动戒除，戒除与他人的比较；自觉放下，放下给自己增加的沉重负担；平静看待，看待生活中的诸多变化；勇于面对，面对发生在自己身上的一切。

作为教师，幸福还能在求知中获得。不断获得新知，你的教学水平在不断提升，你的学养在不断积淀，你的人文魅力在不断增强，你的课受到学生欢迎，你的言说得到大家认可，你的行为获得大家赞许，你能不感到幸福吗？求索的过程是那么的迷人，你痛苦过，但痛苦仅仅是"柳暗花明又一村"时惊喜的前奏；你品尝过苦涩，但苦涩也会变成收获成功喜悦后的一种甜蜜回忆。求知让你发现自己还保有青春活力，思维还灵活，你召回了儿时求学时非常单纯的快感，那就是彻底的幸福啊！

你的幸福还可在"对他人的义务"中获取。请不要误会，我们不是让你每天惦记着做多少好事，被记载在功劳簿上。我们说的"对他人的义务"是法国哲学家埃米尔·奥古斯特的幸福观——你的幸福就是对他人的义务，你必须幸福。埃米尔认为幸福是可以扩散与传递的。虽然个体的幸福有可能给一些人带来"羡慕嫉妒恨"的感受，但应该看到它对更多人而言是一种鼓励和鞭策,是一种人格魅力的影响和示范。工作中你洋溢着幸福的笑,生活中你充满着幸福感,与同事、学生相处时你自信有朝气,与家人相处时你知足行善……坚持你的幸福,它必定会辐射到周边,给你周围的人带来幸福。所以,要获取幸福,请尝试从一个微笑、一分恬静、一次宽容、一份满足做起吧!

心灵的贴士

最难、最容易改变的,都是你自己。

30. 上管天，下管地，中间管脾气

教师爱发脾气，为孩子、为班级、为自己、为琐事，引爆脾气的因素很多。业内个别修为高的教师就凭着"不怎么发脾气"而得到大家的敬仰。很长一段时间里，我也觉得爱发脾气没什么大不了，和师德、修养扯不上边。脾气嘛，与生俱来，说来就来，来时如江潮汹涌，当时不发脾气不得以舒缓，憋坏自己无人能代替。

新出炉的概念

很多人发起脾气来，山呼海啸，气吞万里；管理起自己的脾气来，总是力不从心，爱用"江山易改，本性难移"来麻醉自己。其实，包括脾气在内，属于你的一切，能不能实现自我管理，都是衡量你是否成熟的重要标志。

自我管理能力是指人依靠主观能动性，依循社会共识的目标、审美、制度等，有意识、有目的地对自己的思想、行为进行转化、控制、约束、促进的能力。

我们常对小伙伴说"请自觉"，大概就是这个意思吧。

我们常对自己说"要自律",大概还是这个意思。

辛辣的故事会

我的班上也有个几个爱发脾气的孩子,幸好,我们整个集体是温和的,发脾气在这样温和的环境中会显得有些另类。孩子的心异常敏感,有时候想发作但又觉得不好发作,时间一长,脾气就消下去了。

环境就是最大的教育力。所以我主张班主任要关注全体。对个别孩子的过度用力,未必是科学有效的教育引导,个别典型的教育案例不具有代表性。有趣的是,接下来我要说的就是个案,是特例。

有个女孩很特别,她的脾气很大。有时候发脾气发得有些莫名其妙;有时候发得让周围同学都害怕;有时候才听到上半句就发脾气,直到听完后面的话才知道别人说什么,自己破涕为笑……最特别的是她总是对我发脾气。

我是班主任,是男教师,很有威信。但这不是关键,关键在于这个班我带了三年,很有感情,许多孩子都和我成了朋友。其中,交情最深的就是她。她很特别,和她的爸爸妈妈聊过后我知道自己该怎么做。于是,三年来我给了她特别的关爱。记不清多少次她在我面前落泪,直谈到挂着微笑我才目送她离开,我们是相互信任的朋友。

可为什么她老和我发脾气呢？难道一点情面都不给我留吗？即将毕业时，我很想弄清楚这个问题。一天午饭后，我把问题抛了出来。

你们猜猜答案是什么……

"就是因为信任您，我才敢和您发脾气。因为我知道，和您发脾气您不会怪我的。"她带着笑，自信地说。

一股暖流激荡着我的心。孩子的想法是这样纯真、可爱。成年人要的是情面，是所谓的尊严。如果我没有控制，也冲她发脾气，那简直是……不说了，你懂的。

馨香的借鉴

从来没有想过自己的脾气可以得到管理，而且还是自我管理。注意，不是憋着忍着，而是管理。让其变为现实的是台湾师范大学曾仕强教授带来的专题讲座"管理好自己的情绪"。脾气爆发源于对人生的错误认识，端正认识就能有效管理好自己的脾气。

哲学家认为世间没有绝对的对或是错，只是看问题的角度不同而已。而我们在认识上最大的误区是采用"二分式"的简单认识：不是对就是错，不是成功就是失败，不是进步就是倒退。我们常常对童稚的言行进行"二分式"判断，所以总是自己气自己。其实，就算是成年人的言行，也不能用简单的对或是错来判断,更何况是孩子？在教学管理中最常处理的就是孩子间的争斗,问其原因,总是互相指责"他先如何如何"。这原本就是一本糊涂账,可越是扯不清、道不明的,教师越要弄个水落石出,分出个是非来。这样处理的结果当然是几家欢乐几家愁,附带赠送给自己的是不良的情绪。与其做这样的"判官",不如当个"和事佬",看到两个怒气冲冲的孩子在你的调解下喜笑颜开,自己也能获得无限快乐。

要管理好自己的情绪,还要避免遇事时太过及时的反应。汪曾祺回忆其旧宅中有一挂轴,上书"无事常此静坐",其中大有禅意。静坐就是反思,遇事冷静,三思而后行能趋利避害。许多教师在面对事件时习惯第一时间作出反应,说教、批评、呵斥,情绪就失控了。对人对事,当下发火的必然后悔！例如,学生考试成绩不佳,教师不要马上约其谈话,不要急于批评指责,此时要考虑到孩子的情绪已经很低落,不要雪上加霜。要知道,说着说着自己也会被绕进去,情绪也会受到感染。遇到不顺心、烦躁的时候,先静一静、想一想,给大脑一个缓冲也会让扑面而来的焦虑得以化解。

还有个行之有效的办法,我试过,管用。少发脾气的秘诀是培养自己的爱好,如能痴迷更好。我常年冬泳,每逢心情不佳时,跳入冷水中畅游数百米,烦恼立除,脱胎换骨般清爽,犹如重生。也许你会说,这般爱好太过激烈,一般人难以承受。无妨,只要是情趣高雅的皆可。我爱饲养动物,有时觉得和动物交流胜过和人打交道,很纯洁,于是,人际交往中的那些尴尬、虚伪、压抑得以化解;我爱书法,在方寸间演绎黑白交融的快感能洗涤我的心灵,一天工作后腰酸背痛却还能站立挥毫一个多时辰,看来书法具有舒筋活血、给心灵止痛之奇效……

环境总是变化的,世事难测,人与事往往不能按照自己的意愿发展。所以,当你抱怨时运不佳,感叹人生苦短,归因于环境恶劣的时候,你是在为自己发脾气找借口。你放纵脾气如失控的恶魔般任意游走,侵蚀你的灵魂,毁坏你的生活,你却觉得无可奈何,不是自己的责任。如果我告诉你:这一切是可以改变、可以控制的,你愿意让自己的生活更加美好,让情绪更加和畅吗?

心灵的贴士

善于管理脾气的人,遇到失败能会心一笑:其实,差错也可以是美丽的。

31. 不要被"套牢"

炒股票的,最怕被套牢。其实,股票被套牢,损失是暂时的,也许迎来的是更大、更让人意外的惊喜。婚姻、情感,也怕被套牢,一旦被迫在一起,对双方来说都是煎熬。

最可怕的是,你的思维被套牢,没有想法,没有创意,没有主张……"听话",就是你的标签。这个标签从小被贴在中国儿童的身上,以至于你不觉得它是一把巨大的枷锁,钳住的是你的每一个脑细胞。

新出炉的概念

我是教书的,不会炒股。在一线作文教学经历中,我发现学生的习作存在大量套话。更让我忧虑的是套话呈现泛滥趋势:不少成年人欣赏这样的套话作文,考场上套话作文更有优势,一些教师在习作指导中还着力催生套话作文。

原来,很多人都被"套板反应"套牢。

"套板反应"这个概念源于写作心理学,多用在文艺作品的创作过程中,指在事物发生时,毫不犹豫地使用一些立即想到的套语、滥调。一旦被套,话语就是口号、标语,没有个性,毫无生气。

写了这么多概念,终于有一个出自老本行,令人欣慰、欣喜。

辛辣的故事会

我曾集结问题作文出版了一部60集的童话——《想当然的作文大世界》,其中有不少篇目就和"套话"有关,例如《优雅"老三句"》,叙事文中万用的开头三句,这是开篇套话的典范;《检讨书大集合》,每个孩子写自己童年傻事时,不约而同地以"检讨书"的形式呈现,这是言语表达方面的套话;《老师="老师"》,每个孩子笔下的老师都是饱经沧桑、鬓角斑白、"驼背+近视"的亚健康状态,这是他们凭感觉写下的套话;《豆芽菜妈妈》,为自己挡风遮雨的妈妈总是那么弱不禁风、面容憔悴,这是人物描写的套话范式……我之所以能写出这些孩子们一看就懂、看了就笑、笑过后就脸红的故事,完全是因为素材太丰富,看到了太多孩童的习作由套话堆砌而成。

教语文的,说故事都有语文味。既然这"套板反应"来自写作,就再说些和写作有关的信息。

写"套话"并非当代儿童习作中的常见问题,而是古已有之,且源远流长。古时读书人将写文章看作极为隆重之事,"文章千古事,得失寸心知"。当时读书人的前程和文章是息息相关的,

"费尽心力为一言,出仕之路文中求"。倘若有朝一日自己的文章被当权者看重,也许就能飞黄腾达,一步登天。所以我们今天读到的古文,多堆砌辞藻、引经据典、旁征博引,用极为华美的言语铺陈赘述,以显露作者的学识涵养。时代局限,无可厚非。"八股"出现后,套话文风达到鼎盛时期。这种文体有固定格式,由破题、承题、起讲、入手、起股、中股、后股、束股八部分组成。文题从四书五经中选取,所有文字言论都要符合朱熹的《四书章句集注》,严格禁止作者的自由发挥,是彻头彻尾"代圣人立说"的套话。

儿童写作中的套话可以说是条件反射:当写作者要进行一段描写时,能立即联想到一些旧有的或是惯用的词汇、章句,能顺畅地运用于表达中。比如,有人发现大量文章中的美女都是"植物人"——桃花面,杨柳腰,柳叶眉,杏圆眼,樱桃口,粉藕臂;才子几乎都是学富五车,才高八斗……可以想象,一个作者的写作心理习惯一旦滑入这种"套板反应",就很容易被"套牢",进而产生心理和思维上的惰性,这也将直接导致写就的文章运思布局流于板滞,言语表达落入俗套,情感体验浮于表面,如老气横秋的老者,缺乏生气、不新鲜、无情趣可言,不能引发读者共鸣。

言归正传。身在职场的我们,也经常说套话、空话,除了形势所迫外,是不是已经养成一种习惯了呢?特别是青年教师,如果年纪轻轻就套话连篇,你已经和青春说再见了……

馨香的借鉴

规避"套板反应",并非想象中那样容易。因为,你的对手就是你自己,你在和自己较劲儿!输了,明哲保身;赢了,也许就是传说中的命运多舛,痛不欲生。你会怎么选择呢?

和自己的旧知较劲儿,这是你不说套话、空话的基础。从师范院校毕业后,你是不是以为你掌握的是教育的真理、教学的真本事?告诉你,你的所学可能无用武之地,更有可能你毕业的同时,所学的知识已经过时。知识,是这个世界上最容易被证明是错误的东西,也是世界上过时最快的东西。我毕业的时候,电脑中最好的是"486"。现在问问你:"486"是什么?

和旧知识较劲儿,可以从阅读开始。固定时间,精选书目,坚持边读边写随笔,让思想不断更新换代。

对自己的工作内容有比较精深的钻研,这是你不说套话、空话的保障。为什么随声附和,人云亦云?那就是因为你的思想是空洞的,你的骨头是软的。当然,我并没有劝你和对方对着干,逆流而上需要巨大的实力,青年教师未必拥有。我只是想让你有独立思考的可能性。

可能性就来自你对自己的工作内容有独到见解,有比较专业的研究。例如作文教学,先后有"作前指导""作后指导"两种主流观点交锋。作前指导曾经雄踞一时,而近几年"作后指导"的提法较为盛行。作后指导强调写作前的"不教",放手让儿童自由审题、选材、构思、组篇、行文。教师主要针对习作进行评讲，施以拓宽写作视野、归纳写作知识、调整更改构思、提请自行修改等教学。而我却提出：抓了两头，为何唯独放弃中间最为关键的写作过程？最后确立了"写作进行时"的独立研究，一下子就引起广泛关注。正是扎实钻研的底气，让我不说套话，不附和任何人。

当然，最关键的还是你的德行，有德行的人不说假话。修炼德行是一辈子的事，说来话长，也都是一些你知道的做法，关键在于你是否做得到。

心灵的贴士

无欲则刚。有追求但不要有欲望，你会感到自己腰板硬朗些。

32. 不再郁闷的"中等"

如果你是高级白领,你会有优越感。如果你是最落后的一员,可能感觉没什么奔头,也不会太难过。如果你是郁闷的"中等",最为难的就是你啦:不上不下,不提拔也不会掉价,可能一辈子就这样碌碌无为。

很多人心甘情愿当"中等"。如果你是那样的人,我无话可说。这一篇,写给还在纠结的"中等"。

新出炉的概念

什么是"中等"呢?

中等,在大众的理解中就是一般的意思,其实,不拿出来说你完全不会在意。说白了也就是一个层次。何为"中等"?各方面都很一般,管理水平不突出,业绩不突出,评比指标不突出,唯有腰椎间盘可能已突出。除非你是大隐于朝的真名士,否则,"中等"就是庸常的昵称。争先评优和你绝缘,批评落后时倒是可能捎带着给你警示;家长、同行的好评指望不上,仅在提及"任劳任怨的老黄牛"时你会心头一热,可马上被罗列出的"欠妥处"

击中,刚温热的心很快再度被掷入寒冰中。心中那原本就闪烁不安的炉火,会在无数次的忐忑中自我熄灭,随即堕入消沉、应付、随大流、不吃力也不讨好的庸碌之中。

"中等"老师,特别是"中等"班主任,你会在沉默中爆发,还是在沉默中灭亡?

辛辣的故事会

"中等"班主任要做好,很容易。原先班级在合唱比赛里是中流,这一次在服装和道具上花些心思,让整体看起来舒服,优于上次的集体白衬衫、黑长裤就行;班级美术展的刊头换成彩色喷绘的,就比上次简单写上"班级美术展"来得抢眼。不鸣则已,一鸣惊人。一旦有所作为就很容易得到认可,你也能完成一次又一次的自我突破。

"中等"班主任,你处理问题可以很轻松。一次社会实践中,学生分住在实践基地的不同宿舍。一个"小调皮"私下和同伴提议,在深夜时越过窗户,通过窗外一米多宽的露台到另一间宿舍和大家一起讲鬼故事。其他同伴表示赞成。当夜,他就在大家的共同关注下实施了越窗行动,结果不幸"被捕"。基地辅导员在盛怒下,通知年段长、班主任一起前往协助教育。

一个"中等"班主任则把孩子叫到一边,希望听听孩子陈述的理由。孩子认真地说:"当时我也想取消行动,但看到许多同伴看着我,好像在监督我去做一样,于是我才决定越窗。"班主任更理解他了,原来他仅仅是在履行自己的承诺。那些破坏集体荣誉、藐视纪律等都只是成年人的"欲加之罪"。最后,没有暴风骤雨式的批评,没有唾沫横飞的指责,教师和孩子聊起了童年。当然,教师也分析了这件事的危险性,表明了作为班主任的立场。参与的孩子纷纷表示认识到错误,愿意接受惩罚。惩罚的内容包括:告诫舍友不可再次冒险,做好事为集体争光以弥补过错,将过程写成作文以留下记忆,向辅导员老师认错……一切,在平静中解决。

馨香的借鉴

在任何一个圈子中,"中等"都是最大的群体。班主任群体中,"中等"班主任也是居多的。

班级是一艘船,学生就是乘船人,划桨的你却有心无力。你可知道,随同下沉的可是八九点钟的太阳?原本他们是只争朝夕、力争上游的。你能容忍这样的结局吗?不能,所以你会用"性格使然"来麻痹和安慰自己。这样的话说多了,自己居然也相信了。于是,你开始认定:这就是命,是天意,是定数。

中等,难道就要自我埋没?

当然不,其实"中等"班主任大有可为,从发展的角度看是最佳的、最有空间的、最有实力的。中等契合了老子《道德经》中的三宝:一曰慈,二曰俭,三曰不敢为天下先。

"中等"班主任有与生俱来的教育钝感,就是"慈"与"俭"的表现。因为延时反应,学生有了更多申辩的机会,更多表现的空间,更多天性的释放。这都是在管理上有一套的"高等"班主任们所不及的。管理越是到位,束缚也越大,即便再人文,也是某种程度上的"戴着脚镣跳舞"。这自然也令什么都无能为力的"落后"的班主任们望尘莫及。因为处于中游,决定了中等的特质就是"不敢为天下先"。可贵的"不敢"啊,它降低了班主任在作出决定时变得鲁莽、冒失、激进的概率,给予班主任更多的调试、把控、夯实、厚积薄发的机会,避免了因为立即反应而产生的错误。这不能不说是学生之幸。

一次,教师组织听写后,安排同桌互相批改听写卷。巡视时教师发现一个孩子在交换听写卷后立刻就在对方的试卷上画上一个大钩。这位教师正是一个"中等"班主任,当时她并没有批评孩子的不负责,而是和孩子交谈,询问缘由。原来那个孩子习惯先为对方画上钩,然后再仔细为对方寻找差错。孩子认为这么做能够给对方以鼓励,让同桌有一种成就感。孩子的善心因为"中等"的特质而被体察。

"中等"不能安于现状。"中等"变优秀很简单,只要能超越过去的自己。海明威也说:优于别人并不高贵,真正的高贵是优于过去的自己。原来,"中等"要突围,就是要超越自己,这是"中等"最擅长的。"高等"班主任容易处于高原阶段,超越自己要付出缺氧般的煎熬,在优秀中寻求新突破不容易。"落后"的班主任在信心、气度、方式方法上都有明显缺陷,超越自己要迈出艰难的一步。"中等",有更多的冷静思考时间,容易找到自己的缺陷,看到努力的方向,取得一个又一个小的阶段进步,容易让同行看到变化,自然更容易体会到优于过去的自己的喜悦。

"中等"的超越还体现在管理上的相对"无为"。"无"体现在放低自己,不盛气凌人,不严厉苛责,不规矩森严,不维护自己不可侵犯的尊严;"为"则是更多从孩子的角度出发,做孩子的贴心人。这就是"中等"的"无为而治"。

心灵的贴士

你要做的仅是发现:我是"潜力股"。

33. 山雨欲来风满楼

小时候,每逢妈妈要去开家长会,我心里就紧张。有人说这是"黎明前的黑暗",有人会说"山雨欲来风满楼"。做老师后,在一次家长会前,我在黑板上写下"今夜,没有暴风雨"。简单一句话居然赢得一片掌声。可见,家长会,确实是教师职场中重要的展示平台。

新出炉的概念

这一篇我推出的概念是"读者意识",没错,这是文学创作方面的重要概念。请不要意外,教师的读者是学生、是家长。本篇中说到的"读者意识",专门和家长会扯上关系,而且是开好家长会的秘诀。

"读者意识",就是写作中的对象意识,是指写作时心中存有倾诉或交流的对象。读者也分为显性和隐性两种。显性读者不必说了,就是读你作品的人。谁看谁知道,谁看谁就是这样的读者。隐性读者就有些意思了。当任何一个作家的隐性读者都很牛:作品为他而写,他存在于作者创作的任何一个环节。写后的作品,可以说是一种对隐性读者的献礼。

扯远了,拉回来!还说家长会。若说家长会是一个作品的话,家长就是读者。你看见他们时,他们是显性读者。其实,你也要把他们当作隐性读者,让每一双关注的眼睛时时刻刻看着你!

辛辣的故事会

第一次到幼儿园参加儿子的家长会,这才知道开家长会大有讲究。我切换身份,转变角度,才发现了家长会上,家长们真正都在关注些什么。

首先他们关注的是学校、班级的环境。特别是第一次走进校园的家长,很容易像个孩子一样,被这样的"陌生"环境所吸引。校园是象牙塔,与社会一墙之隔却相差万里。家长儿时的记忆也随之被唤醒:小时候,我的学校是什么样的;如今的校园、班级又是什么样的。比较,在瞬间展开。所幸现在学校的硬件设施都大大优化。因此,要比的就是"软环境",是我们常说的校园文化。校园、班级的环境,构成一种无声的文化教育力。

正式开讲前,关注点自然移到家长群中。家长们大多是同龄人,对同龄人的好奇心是与生俱来的。一下子聚集了这么多,而且是同班同学的父母,大家好像是同一条起跑线上的队员一样,关注度顺势高了许多。看看大家的气色、服饰、形容、谈吐、圈子……为的是发现自己的孩子所处的人文环境:我的孩子究竟和什么样的同学在一起学习呢？中国人特有的对人的审视能力在这时发挥得淋漓尽致。家教就是儿童素养的基石，我们习惯于通过"第一印象"来臆测、判断其子女的教养程度。

提醒教师：几十双眼睛在审视你，这将决定你能否获得良好的第一印象，能否获得至关重要的信任。好吧，我承认我已到中年，观念是趋于老龄化了，但是你至少不要让你的"青春活力"与"时尚元素"让家长产生"惊悚"的感觉。你知道吗，家长看老师，是带着一种对教师形象的大众审美范式而来的，落差太大接受不了，你也承受不了异样的眼光。

以下故事中，我分享了一些我的经验，供青年朋友们参考。

馨香的借鉴

接着从教师登场开始聊。

教师的素质，是家长最关心的。家长会很注意听教师的发言，因为家长们要借此评估出教师大致的素养。家长爱听什么呢？这个问题我之前很少考虑，大多是想"我要讲些什么"。如今角色变了，我从家长的角度留意教师的话语内容，发现了以"我"为中心的家长会关注的焦点。这就是一种"读者意识"。

其一，"我"能获得些什么？开家长会，一定要让家长有收获，要切中他们最关心的问题。例如，我的子女所处的教育时期，有哪些普遍的教育问题？如何让我的孩子顺利度过这个年龄期？怎么让子女成长得更健康？我该做些什么具体的事吗？中国的教师都是持证上岗的，可是家长都是"无证就业"的，因此亟待培训！家长会就相当于教师对家长的"岗位培训"，需要的就是教师提供可操作的并能产生实效的好办法、好理念、好经验。家长关注的重点就是家长会中教师发言的重头戏，我建议青年教师多备课，在家长会的发言稿中增加一些教育科学的信息量，让家长会成为家庭教育的培训会、教育科学的宣讲会、教育话题的讨论会、儿童成长的促进会，不要开成文件制度的宣读会、无主题漫谈会、老调重弹唠嗑会……

例如，在2021年"双减"政策出台之后，大家更关注的是未来怎么应对。"双减"政策落地，对所有教师和家长而言，都是全新的课题。这时也是我在大学附小挂职副校长的第一年。那一次家长会上，我就重点和家长介绍了"学校如何在'双减'时代作好应对和提升"。短短的视频发言，赢得了家长的信任和理解。这就是思维和角度改变带来的福音。

其二，"我"的子女到底怎样？每个家长都会牢牢抓住家长会这个机会和老师交流。他们最关心的莫过于自己的孩子在校表现如何。建议青年教师在表扬和批评的内容上要特别注意，做到"口下留德"与"照顾全体"。首先，绝对禁止点名批评。在广大父母的面前批评一个孩子，就是在毁一个家庭，更何况从中国传统的道德认识上说，青年教师面对的家长是长辈，应当予以尊重。你可以点出现象,提请关注,提示会后有需要个别了解情况的留下,但绝不能公开点名,这就是口下留德,也给自己留下回旋的空间。对立,往往在不经意间产生;隔阂,往往在你的肆无忌惮中滋长。照顾全体指的是表扬不要集中在几个孩子身上,要注意多角度发现孩子的优点,在他最为突出的方面直接表扬他。这能给一个家庭带来一晚上的快乐。

其三,"我"还有些个性化需求。家长会,听教师讲的时间不要太长,长则无味,应该多设计互动、个别交流的环节。其实,每个家长都是带着个性化的、特殊的需要去开会的,非常需要和教师互动交流、个别对话,解决困扰他的问题。因此,教师讲完就散会,家长会仅"开了一半",就像参加宴会,上了凉菜,主菜还没登场就撤席。家长呢,空着肚子回去,心里能好受吗?请尽量设计一些互动环节,如问答呼应、经验分享、主题探讨、问题调研等,这将活跃家长会的气氛,也温暖着家长们的心。此外,必须留有个别交流的时间。例如,举办小范围的、针对同一问题的话题讨论,与个别需要批评指导的孩子家长郑重其事地直陈问题,给个别需要特殊关心的家庭带去问候……这些都是家长会不可或缺的组成部分。

心灵的贴士

消磨他人的时间,就会降低自己的威信。

34. "状元"崇拜

对状元的崇拜古已有之。现在,高考"状元"更是香饽饽,到处有人抢。幸好之后有规定——禁止炒作!

我没有做过状元,作为小学教师,倒是培养过几个本市的中考状元。每当"状元"出炉的时候,我总会被追问:你是怎么教出状元的?

新出炉的概念

在禁止炒作状元的规定出台前,大家依然关注此类信息。这也是故事讲述的背景……

我执教的班级进入高一级学校后,经常传出捷报:某某成为市中考状元,某某留学海外名校,某某获得全额奖学金……因此,不少人希望将子女送到我的班上求学。他们不管子女能否适应我的教学,能否和我的教学产生共鸣。他们只凭借直觉:在我任教的集体中,成为状元的可能性很大。

自然,很多人是要失望的。

大家忽视了出现"状元"这一特殊性较强的事件的发生概

率。人们习惯对事件预期的美好结果作出反应,而不考虑事件发生的概率,人们缺少对概率的直觉判断,这很可能导致作出错误的决定。

辛辣的故事会

有一段时间,我外出会选择坐动车,因为那段时间里飞机失事的消息比较多。

有一段时间,我外出基本上不敢坐动车,因为刚刚发生震惊全国的动车失事事件。

我也陷入了对概率的直觉判断错误中。

说回"状元"的故事。在福州小学教书20多年,送了几届毕业班,居然有两个孩子成了福州市中考状元;许多孩子到了高中后成绩优异,以各种形式得到大家的关注和认可。友人询问:你是怎么教出这样的尖子生的?很多人托关系,希望孩子到我的班上就读。

这个问题的答案有些"危险",马上让人想到钱学森之问:中国学校为什么培养不出拔尖人才?

如果说来到我的班上就为了成为尖子生,今后成为拔尖人才,那么,光凭这一点念想就足以说明我的教学是势利的、扭曲人性的。尖子生,何须教,无师自通矣,谈不上"培养"。但是,状元屡屡出现,偶然中的必然也使得我在思考:小学阶段,我都做了些什么？有什么是值得大家参考的？我觉得,不管是什么样的学生,来到我的班上都获得了或者说是感染了我的快乐元素,因为我力求给他们带来一种全新的语文学习氛围——语文是快乐的,作文是可以游戏的。如果要说"培养",氛围的营造就是我做的最有意义的一件事。就是在这样的氛围中,该成为尖子生的就成为尖子生,即便没有,也变得热爱学习,将学习变成终身的信念。这就是我对教育的看法——教育,是一种信念的培植和养护。

这就是"状元"培养秘籍,你满意了吗？

馨香的借鉴

肯定不满意。上文只是一种观点,青年教师需要知道的是:我可以做什么？给大家三个字诀。请默念几遍,熟记于心,付诸实践。

"养"字诀。越来越觉得小学阶段学科知识的学习,效果是微弱的。如果要问小学学习的最大意义何在,就是习惯的养成。"养"字诀为首,养的就是习惯和心性。习惯包括六种:(1)每日阅读的习惯。中年级30分钟,高年级40分钟,到了六年级,每天一小时。(2)每日写百字作文的习惯。练笔、沟通、素材积累、思维演练、时事评点、偶感抒发、情况报告、内心独白、随手摘抄,写百字作文的作用大、收效高,是我的执教特色,已经坚持十余年,也必将坚持下去。(3)每日练字的习惯。练习内容可以是古诗词或者是生字词,练习摹本来源可以是字帖或者是来自家长、教师的书写范本,这将极大地刺激孩子的练习欲望,激发练字热情。(4)听书(朗读作品或者评书)的习惯。根据各自家庭情况,配合教学需要或是根据个人兴趣爱好,每日收听一两回音频资料,早晚皆可,也可以伴随着家庭生活进行,终身受用。(5)收集、保存资料的习惯。收藏、积累自己的作业、作文以及下载或是收集的各种信息资料,组成自己强大的复习资源和素材库。(6)健身锻炼、游玩的习惯。这与学习息息相关。

"灵"字诀。这个字提醒我们,不要把小学生教死了、教傻了。就像下棋一样,要有活眼,要留出气口。例如课堂教学,我的语文教学最大特色在于简约,一个学期的课很快上完,每节课40分钟绝对不浪费,师生配合,一节一课,课堂上激情洋溢,观点陈述、辩论争鸣、多元解读、思想碰撞,好不快活。剩余的大量时间由我们自主支配,灵动不僵。

"全"字诀。培养尖子生,我特别注重面向全体,不过早定义。我主张注重集体整体水平的提升。集体是尖子生成长的土壤,土质好,苗子才能发育好成长好;集体是尖子生成长的保证,好集体才能确保集体中每一员得到充分的发展条件和良好的环境;集体是尖子生成长的训练场,尖子生的成长伴随着集体的统一训练进行,在训练中逐渐凸显出来,再优秀的运动员也少不了陪练,你要成为刘翔,也必须在团队的集体训练中逐渐脱颖而出。反过来,尖子生能服务于集体,辅导后进,鼓励后进,给后进作榜样。即便什么都不做吧,他们存在于集体中,就会让整个集体感到荣光,有自信自豪感,这些都是相辅相成的。"全"的另一个定义是注意小学阶段的全接力培养。一年级打好基础,中年级练好基本功,高年级突出思维训练,让其潜力得以发挥。尖子生并非是高年级教师的专享,是整个小学阶段教师共同努力的结果,更仰仗良好的中学继续教育。

心灵的贴士

教育就是养护心性,好习惯才是最好的教育效果。

35. 环境就是教育力

"班级授课制",那是你每天都在执行的制度。如果我告诉你这一制度和"烤面包"有关系,源于面包师的工作,你会不会惊讶呢?

育人和烤面包,能一样吗?

恐怕,相似点只有烤箱,那就是环境。

新出炉的概念

环境,这个概念不用多说,包括空气、水、土地、植物、动物等。但这些物质的因素不是我们要关注的。这一篇中的环境,更多关注包括观念、制度、行为准则等非物质因素。

现在你已经发现:我们无法和环境分割开。

辛辣的故事会

一次,我让儿子按时吃早餐,多次劝告不听后打了他,没想到遭到全家人的反对。儿子也不服气,说:"有时候我叫你吃饭,为什么你也没反应？"后来事件升级了，我被孤立了，花了好长时间才让妻子原谅我的冲动。可见，冲动的教育是无效的。

班级中有一个孩子，他的爸爸常年不在家，和家人吃顿饭都是难得的。我曾经和这个孩子吃饭，发现他没有规矩，居然把喜欢的菜拿到自己面前，猛吃起来。家长还说：有时候几个孩子都喜欢吃一个菜，他就以吐口水的方式霸占那道菜……你相信吗，这是真实的故事。

一个孩子常常在学校和同学打架，一看他的"百字作文"才知道：家长常在家里争吵，当着孩子面争吵，甚至打起来。我的家庭中也发生过一次类似的事情，我不知道要用什么方式才能彻底消除留在儿子心中的影响。更难以想象，如果这样的环境是常态，孩子会是什么样？

一个孩子上课不能安分地听讲，我找其父母谈话。父母反而和我说了很多西方的教育观念。我受教了。我也告诉他们：在中国，一个班这么多孩子在一起，我要做的是维护大家的听课权利。当个别孩子影响到其他人的时候，我要做出教育约束。孩子父母不能理解：为什么不能顾及孩子的天性？为什么不能宽容他？为什么不能因材施教？这么多的"为什么"不能由我来回答，环境就是答案。他们忽略了环境的改变：在家庭一对一的教育环境中，你可以把教育做得非常周全，顾及孩子发展的方方面面，特别是针对眼前的这个他；而在学校一对多的教育环境中,最重要的就是面向大众,要顾及的就是大众。

反之,要求学校教育关注个体的同时,也需要呼吁在家庭教育中注重培养孩子的群体意识,这样才算是家校配合。

馨香的借鉴

学校教育,只是家庭教育的一面镜子。学校环境和家庭环境相比,重要的是家庭环境。它奠定了儿童一生发展的基础,决定了儿童成人后的性格。什么样的环境出什么样的人。怎样让环境成为一种教育力呢?

第一,约束。好环境,是约束的结果。约束自己的言行,约束环境的布置。先讲能简单操作的,例如家庭装修,为孩子准备一个书橱,让他在充实书橱的过程中发现学习、阅读对人生的重要意义。约束自己的行为比较难。我听过不少家长说:我都是为了孩子,我如何辛苦……其实,他连最简单的一件事都没有做到:回家吃饭。约束自己的娱乐时间,回家吃饭,就这么简单,你做得到吗?

第二,借力。好环境,是一种开放的空间。可以借助家长的人脉、社会活动圈子,为孩子打开学习之门。家里来客人,借机让孩子接待,训练口语交际能力;带孩子做客,让孩子接触不同行业、不同领域的人,增广见闻。我曾经接触过一个家庭,发现父母每逢节假日都带孩子旅行,行万里路,增长见识。孩子的视野开阔了,心胸也会开阔,认知能力也会发展,一切都会变得顺理成章,学习的延续力看得见地往上涨。你可以借助的环境力还有社会公共设施,简单说,能带孩子去图书馆、博物馆的,都是有智慧的家长。

第三,历练。好环境,就是能给予孩子锻炼的时空。特别是物质条件优越的家庭,让孩子有历练的机会特别重要。多多少少承担一些家务劳动,多多少少计划一些自己的事务,多多少少参与一些家庭生活的策划……你会发现,这样去实践、尝试,家庭就是学校,生活就是教育,改良的是环境,成长的是孩子。历练,是让环境成为一种教育力的关键要素。我接触过一个家庭,父亲是公安干警,工作不定时,但孩子很自觉。问其原因,从小时候就培养孩子独立生活的能力。父亲的未雨绸缪起到了重要作用,整个家庭温馨和谐,丝毫没有因为所谓的"繁忙"而耽误了孩子。还有一个家庭,爸爸是企业家,妈妈是全职太太。房子大,老人也生活在一起。全家人围着孩子,什么都不想让他受累。社会实践的时候,这个孩子摔倒了。为什么?下床不会绑鞋带,绊倒了。几年级发生的事?五年级。你看了都觉得不真实吧。

孩子送到学校,很多东西都定型了。家庭教育、家庭环境产生了巨大的影响,导致不少孩子在校期间不能合群,不能适应集体生活。这个时候,如果大家看看此文,就不会把责任往学校推了。我曾在小学一线工作,持续担任语文教师与班主任 20 余年,告诉大家一个秘密:学校教育,能做的很有限。自家的孩子,全靠自家养。

所以,你不要感叹物质匮乏,也不要因为存款数字足够送儿女出国留学而觉得什么都无所谓。你要从改变身边最真切的环境开始,对自己的亲骨肉负责,让他成为在环境中成长起来的健康、独立、快乐的人。

心灵的贴士

人们常说,改变不了环境就改变不了自己。我说,改变自己就是改变环境。

36. 不存在的"零风险"

我们都希望自己平平安安,万无一失。我们总希望把风险系数降为"0"。甚至有时候我们会求神佛保佑,会把这样的愿望寄托在祖先庇护上。

有没有想过,零风险是不存在的呢?

新出炉的概念

请你回答:不出错的概率是多少? 不会遇到塞车的概率是多少? 航班准点的概率是多少?

请你选择:A. 花100万买保险,公司承诺保证你不会出意外;B. 花50万买保险,公司保证你出意外赔偿500万。

我相信,第一组题目是无法回答的,谁都知道零风险是不存在的;第二组选择中选A的人会偏多。我们会说:我不在乎多花50万,只要保证我绝对安全。否则,出了意外,给我一个亿都没用。

问题来了:既然没有零风险,为什么我们追求零风险保障呢?

风险越大,其中包含的不确定成分越多,我们看待风险需要付出的思考、情感就越多,降低风险对我们的意义就越大,不知不觉中我们就过高地评价风险,内心就越发期待零风险。这是一种思维偏误。我们一厢情愿地希望把风险降为零,哪怕我们投入许多倍的精力、钱财、时间。

辛辣的故事会

零风险,不要想了,不存在的。我和大家说说我教学上冒险的事。

2010年11月,我在宁夏银川获得人生第一个大奖——第八届全国阅读赛特等奖。我记得执教的是朱自清先生的作品《匆匆》。这一课上得很"实",实中带趣,深入孩童内心,直切学习本质。这个"实"字于我而言是"最高奖赏",是我先后历经14稿,洗尽铅华后返璞归真的体现。

其实,当时采用这一方案可以说是冒着巨大的风险。没有到过现场的同行们单看案例或是实录,会感觉有些"平",似乎常态教学也就这么上,不花哨,没有噱头。的确如此,少了孩童在课堂上富含情感的言语、表白、诵读等生动学习状态的呈现,再精妙的案例也只是空虚的浮华。我对这"实"和"平"抱着满心的欢喜,实中见效,平中出奇。

这样朴实的课同时具备三个鲜明的特点,也是三大风险并存。首先,以读为本。我仅仅在作家简介和名家朗诵两个环节使用了多媒体,其他时间都留给师生共同品读文章。这样的设计在当今的小学语文大型公开课上可谓大胆,但却是一种原生态、无干扰的纯阅读过程。其次,体现了还学、让学于学生的理念。本课设计中,我留出大量的时间给学生读书、思考、倾听、批注,联系生活实际想象、回忆、口头表达,学生学得格外充分,教师仅仅担当示范、引领的角色,没有侵占他们学习的时间。学生的多元解读也受到充分关注和尊重,课堂是学生学习的天地。最后,授之以渔,注重了学法迁移和运用。在师生共同品读的过程中,教师在潜移默化中传授品读文章的方法,那就是"倾听、思考、对话"三部曲,这是品读散文的3个"口"。学生在不知不觉中运用此法品读文章,随即又共同总结学法,形成认识后还能指导自己的读书实践,在品读中不断获得成功。这样一来,课堂教学变得扎实有效,下课后学生能从课堂上带走具体可操作的方法,能体会读文的快乐,能在愉悦的学习过程中增强自信心,能在今后的阅读实践中有法可循。

冒险,就是为了教学有价值;冒险,就是为了留给孩子学习的空间。

零风险,可能就是最大的风险。对于教学探索来说,要想零风险,只有让孩子事先知道答案,只有做那种牵着鼻子走的设计,这难道不是最大的风险吗?请记住,万无一失的套路教学,实际上就是阻滞你进步的巨石。

馨香的借鉴

告别你的幻想吧,零风险是你的一厢情愿。所以,请开始和"绝对安全"四个字说再见,包括你的婚姻、你的银行存款、你的职业、你的晋升、你的前途,甚至你买的保险……

但不得不说,零风险是最美好的期待。虽然我们生活在矛盾中,但还是可以做些什么的。

我们可以勇于接受一切挑战。麻烦,没有那么好商量,总是会找上门来的。与其躲躲闪闪,不如迎面对接。先在心里有一个准备:来吧,放马过来,我能应对。即便是风险再大的活动,有准备总比措手不及强许多。有时候你主动出击,反而会发现:麻烦,其实也没什么大不了。

对,麻烦就是一种心态而已。

我们可以作最坏的打算。每当有事来袭,我们都要作最坏的打算。这样,无论什么结果,对于我们来说都是好的结果。例如,课堂教学参赛,准备好自己是最有特色的最后一名;论文评选,做那个最有主张的名落孙山者;班级评分,即便拿到最低分,仍然是受到学生喜爱的老师,是全班家长和学生都热爱的集体……作最坏的打算,还能让我们有一种"背水一战"的士气。也许,转机就在这种无畏之中生发……

我们还要时时居安思危,即便你是幸运儿,时时刻刻都有好运相伴。你甚至有一种错觉——零风险,在我这里就存在。好吧,我无意泼你的冷水,我也希望你时刻好运相伴。但是,你必须记住居安思危,做到居安思危。不用列举古往今来那些因为疏忽大意而造成恶果的血淋淋案例,也不用再次提醒你类似卧薪尝胆的典故。太多的事例无非提醒你做一个不冲动、不盲目也不颓唐的人。

零风险,真的让我们难以取舍。有人说"小心驶得万年船",有人说"喝凉水也塞牙缝";有人说"吓死胆小的,撑死胆大的",有人说"世上无难事,只怕有心人"。你究竟听谁的?

那还用问,听自己的呗!

心灵的贴士

正是因为生活在风险中,你才能体验到成功的快乐。

九九归一：走，往前走

走，一直往前走。这就是最好的忠告。

到这里，你阅读了整本书，我才能给你最好的忠告——走，往前走！

往前走，你会发现，别人说的都是浮云，一切都不是那么回事。特别是你看到的所谓的成功学中介绍的各种成功经验，想都不要想，更不需要尝试。成功，从来都不能复制；成功，其实就是你心里的感受。所以，一路走，你最重要的是听自己内心的声音。

当你感觉自己成功的时候，你就是成功了。而每一个成功都是下一个成功的起点，你需要做的就是走，往前走！

确实，有时候行路，陪伴你的是孤独、是心酸，甚至是苍凉、是悲苦。很多时候你在行走时会不由自主地问自己：为什么这些世俗的烦恼，这些无谓的纷争，要我一个人承受？我只不过是一个普通人而已。难道真有上天降下的"大任"吗？

不要天真了。每一个人都是那样普通，上天给每一个人的任务都是一样的。那就是——行路，一直在路上。能够在波澜不惊的境遇中发现自己最为不平凡的特质,你才能具备摆脱平庸的可能,才能轻装上阵,行走如飞。在此之前,所有的境遇都是一种历练与磨难,都仅仅是为了考验:你是否真是一个坚强的路人。

所以,记住这个最重要的忠告——路在你的脚下。

故事里的教师成长秘密

写在掩卷之后：
快乐，需要守护

何 捷

此书是之前《教师职场36忠告》的新版。再版之际，再次以此文，和各位青年教师做个分享。

青年教师的生存现状，确实需要更多关心。教师的快乐职场生活，真算得上是一门学问。

谚语说，人的快乐有两种：追求你所没有的，珍惜你所拥有的。我们为什么不快乐，原因都在这里找。曾仕强教授一语中的——人的不快乐都是自作自受。自作自受不是贬义词。自己不断追求，不断改变，承受一切的结果，这就是自作自受。

我是个快乐的人，从小到大很少哭过。当然，快乐与否用哭来衡量极不科学。我听说女人的眼泪是调节剂，眼泪流下来，心情就舒畅。哭，是为了获得解脱，是向往快乐的方式。我天生喜欢笑，儿子也喜欢笑，在学校成天都是笑眯眯的，引得大家总关注他的眼睛：为什么那么小？大家说是遗传基因发生突变，其实他是真正遗传了我的乐观天性。

我曾经不断追求我没有的,并由此获得快乐,如各种赛课的机会、各种学习交流的机会、各种参加公益活动的机会……追求的过程很痛苦,但我依旧感到快乐。因为我喜欢"教学"这件事,只要和其沾边,都会让我喜欢。所以,我对结果也就不看重了,只享受事情的本身,留心体验整个过程。2008年我参加福建省首届教师素养大赛。整个大赛有五六个赛程,我独自前往,身边没有一个帮手。每逢要上台展示时,我都要拜托身边并不熟悉的教师帮我代管手提包。其他各个地区的参赛选手都组团前来,有的负责后勤,有的负责协调,有的保管物品。我单刀赴会却丝毫没有孤独感,因为参赛这件事就足以让我感到快乐。再如带班竞争,我喜欢班级向上发展,所以会带领孩子们争取获得学校的流动红旗、"十佳班级"称号等。很多人不解地问:你不是不在乎这些吗?是的,我不在乎,但是孩子们在乎。只要我是他们的班主任,我就要在乎他们所在乎的,就要重视对他们健康发展有利的事,所以我们要一起追求正能量。更何况,追求让全班孩子有了向上的动力和方向,让孩子们看到希望。他们快乐我也快乐,追求的动力也就无穷无尽地涌来。

为了葆有这份快乐,我坚持守护我所拥有的。如今,我的追求不仅仅和自己有关,更多的是为了家人,为了受教于我的孩子,这样的守护让快乐变得更加宏大。就像基数增加,个体收益也增加的道理一样,我的快乐自然也会因为周围人的快乐而变得更加热烈,无限增值。

在小学期间,我一直担任班主任,成天和孩童打交道,那一份快乐是我所拥有的,安然坚守,就能体会出其中的快乐;执着于作文教学研究,那一份快乐是我时时刻刻都能感受到的,稳步向前,快乐就时刻同行;关爱家人,那一份天伦之乐是大家都能体会到的,不言自明。只要你将生活看清,将快乐的定义弄明白,不要因为好奇而喜新厌旧、朝三暮四,快乐自然就流淌在生活的每一个细节中。更有意思的体会是,快乐几乎都伴随着痛苦。快乐就像一个透明人,但裹着一件黑纱,就是痛苦。你要发现与拥有快乐,首先就要触摸这件黑纱,打开它,快乐就奔涌而出,投入你的怀抱。倘若被痛苦征服,你就远离了快乐,永远迷失在苦寻不着的岔路上。

老子有三宝,一曰慈,二曰简,三曰不敢为天下先。老子一生无为,固守三宝而获得无穷快乐。老子的三宝中,慈爱与宽容要施与世人,需要宽广的胸怀;简朴要规范自身,需要坚忍的毅力;不敢为天下先,要守拙藏睿,需要无限的智慧。每一样都不是普通人所能做到的。因此,他的快乐绝非等闲之辈所能体会。世人总迷茫在富贵、奢侈、竞争中,在无尽的自找的痛苦旋涡中挣扎。老子用"无为"来守护高层次的快乐。"无为"是与世无争但周济天下,是忘记自我转而自然启迪世人。快乐就在"无"和"有"的取舍平衡中成为一种永恒的"道"。

如今我也有自己的快乐源泉,坚守住,足矣。但属于我的快乐也无时无刻不伴随着苦痛:儿童的顽劣,对学业的懈怠,研究的艰难,思考的痛苦……每一次的痛苦感受都那样分明。但是,只要你坚持守护,告诉自己这些可能就是黎明前必经的黑暗,或者是因为自己修为不够而看不清真相,慢慢你就会发现其中那种无法言说、无法替代的快乐。只有顽劣的孩童才会极力维护着你,犯错误时,稚嫩的话语、羞涩的眼神都是教师所能听到的最真诚的声音,所能看到的最真诚的人性。我有一个发现:每年回来看望老师的,大多是在校期间常被老师约谈的顽童。很多优秀的孩子在此时销声匿迹,或者仅发来短信说:"祝福节日快乐。我很忙,我要……所以,将祝福带给您。"孩子有心发信息,这就不简单了,但回到母校看望教师的那些曾经的顽童,他们带给教师的却是一个教师从教生涯中能体会到的最为珍贵的情义。一个周末,我和一个家庭共进午餐。其间孩子发现我坐的凳子是窄窄的长条凳,大喊一声:"老师怎么能坐这样的凳子?"立刻要将一张宽板凳换给我。全桌人都称赞这个孩子真诚的话语和行为。我们知道孩子这样说、这样做,不是为了表现,而是出自他一颗真诚的心。当你感受到孩子的心意时,快乐就涌上心头。这些快乐,值得守护。

再说到研究探索路上的快乐。如,发表时的欣喜,课堂实践中的激动,儿童进步后的喜悦……如果没有之前的痛,快乐来临

写在掩卷之后：快乐，需要守护

时就无法深刻体会。所有的过程，都是为了迎接快乐降临。2013年千课万人的教研活动前夕，张伯阳老师给我打电话，说要让我和两个全国赛获奖教师共同执教《匆匆》，并且交代不能上之前的版本，要创新。2010年教学《匆匆》，我磨了14稿，将最后形成的教案反复执教了十余遍，都印到大脑中了。短短一个月，还能换一种上法吗？这样的痛苦需要去承受吗？我想都没想就答应了。在我的意识中，缺乏挑战的事，快乐程度也不高。越是困难，研究起来越让人激动。于是，一个多月里，我请教了北京吴琳、江苏高林生、成都罗良建等几位国内阅读教学的权威专家，确定了全新的教学思路，重新设计了这篇经典的课文的教案。整个过程让我感到一种进步的喜悦，更准确地说是一种窃喜——发现"原来还可以这样"的窃喜。快乐，就在守护这份研究的执着中获得。身处一线，我们很容易放弃教研，而真正放弃的，可能就是最直接的快乐。

一线教研，就是通往快乐的路，让人渐入佳境。

第一步是"实践"。实践是绕不过的道。一线教师最常用的研究方式就是实践研究，这是一线教研有别于院校教研、教研室教研的最大特色。一线教师有着得天独厚的实践环境与时空，要看重用足，要及时将自己的设想付诸实践，在实践中不断总结、反思、再实践，如此循环，三年可以小成，五年可以构建自己的经验小王国，十年可以成为区域内的能手。实践的基地是自己的班级,立足本班学生,仔细研究。此外还可以拓展为各种各样、各个层次的学生,针对他们的实践让你对学情有更为全面和细致的了解。这几年我的实践脚步迈得很大,对儿童的了解丰富起来,实践的收获也随之增加。反过来再面对本班学生,面对自己的常态教学,更知道何处该花力气,什么是浮云,教学该着力在哪里,学生要朝着什么方向发展……

我的切身教训还有一条:越是聪明的青年越要注重实践。在前进路上,聪明,也许会成为教研进展与精深的路障。小时候就有人说我聪明,所以在教研起步阶段,我难免会耍聪明,试图越过苦干阶段。聪明,会让实践变得浮躁和虚假。因此,我诚心送给实践阶段的青年朋友们一句话:教研,难得糊涂才好。

第二步是"总结"。说是第二阶段,实际上应该伴随着第一阶段同步进行。一边实践,一边总结,一边反思。总结不能停留在口头,写下来才是正道。特别是语文教师,没有过写作关,永远都只能是教书匠。江苏省特级教师管建刚是这个方面的楷模。每次相遇,他总是有空就写,不知疲倦,积累丰厚。他的学生也如老师一般,以写为乐,以写促读,踏上了阅读习作双向发展的快车道。窦桂梅、王崧舟等前辈,青年时都积累了大量读书笔记。薛法根老师成名后还保留着笔记习惯。我在2012年亲眼见到法根老师的蝇头小楷笔记后,才开始使用笔记本。自然,我这样的中年教师的笔记中,不全是读书的摘抄,还有我的随感、偶得、突发灵感……未承想,用了一年就了不得,发现诸多好处:讲座用、讲课用、阅读时用、和大家座谈时用,随时有想法就记录,笔记不断充实,我的精神世界也不断充实。很后悔,为什么当初旁人劝我笔记我不听从呢?自以为聪明,反被聪明误。现在好,笨拙让我不敢不带笔记,有它在身,居然感到非常踏实。笔记,这个最原始的方式,就是一线教研的靓丽风景。

第三步是"阅读"。实践后、写作后,你会发现空虚,这是进入第三个阶段的信号。此时单纯叠加实践,你会感到无依无靠,无法突破;此时仅仅写随笔,你会感觉在重复自我,提不起精神。这时你可以告诉自己,该读读书了。必须说明,阅读应该伴随教师教研的全过程。这里提倡第三阶段的阅读,指的是阅读支撑自己实践的专业书籍。

我的身边,一个学期一个字没读的教师大有人在。我不知道他们会不会羞愧,我不明白他们凭什么教学,我也不知道孩子接受这样的教学是不是必要的。我不能左右他人,我只能奉献我的所知——阅读,让你的教研更加科学。身处一线,你没有理由不阅读,这是你从教的依凭。

以我为例,每日硬性要求自己读 15 分钟,不能商量,不能向自己妥协。一天中,如果连 15 分钟底线都不能保障的话,其他的获得都应该视为额外的奢侈。我是这样做的,和你分享。青年朋友们,能否做到,靠的是你的毅力和意识。再次说:聪明的人,在这方面必须好好反省,隐忍锻炼,不能松弛。只有这样,聪明才能发挥价值。我用了20余年克服自己的惰性和侥幸,还是感到自己的虚无和狡猾,有时听到别人评价"何老师很聪明",我感到羞愧。聪明而不勤奋,那是对自己的一种摧毁。

读之后又是实践、总结,其间伴随阅读,如此反复,这就是我要介绍的一线教研高速路。起步,挂上一挡,费些劲;跑起来,如踏风火轮,呼啸向前。

最后说一说我特别的快乐源泉。身处一线,从教的这些年,我放弃了数次职务提升的机会,就是为了在一线和孩子打成一片。我觉得这里是教师的生命源泉。一线的痛苦自不必说,但是我们要做的不是抱怨,而是尽自己所能在痛苦中发现光明的前景,让受教于我们的孩子少受无谓的痛苦,少做无用功。我也曾获得小小"管人"的位置,但才一个月就发现极为不合适,大为不开心,于是辞去,专心做好我自己。

曾仕强老师关于快乐的言论中,有一句相当经典:人的不快乐,就是因为一直努力来到自己不能适应的地方,获得无数原本不需要加在身上的烦恼。能做好一线教师的,非要做中层,能力不足带来痛苦;做中层的非要做高层,能力不足带来痛苦;做高层的还想再获利,能力不足带来的也许不仅仅是痛苦那么简单的事,可能是前功尽弃,毁于一旦。而能坚守住自己所能胜任的事、所能安居的位置,你将获得快乐。我把这个体会送给无数我看到的正在自找不快乐的青年朋友们。在与我相谈的青年中，太多人将眼睛盯着学术研究之外的东西，忽略自己教师的身份。社会对其影响很大，他们总说儒家常讲"学而优则仕"。殊不知这句话大有奥妙。其中有两个关键点容易被世人忽略。其一是"优"。在"学"这个位置实践中展示出优秀的素质、过人的能力，行而有余力后，奉献给君王，服务于天下。"优"的体现绝不是善于"经营"所谓的人脉、关系、表现。其二是"仕"。儒家说的"仕"是仁者爱民、亲民、养民，休养生息，是先天下之忧而忧，是鞠躬尽瘁死而后已，为"仕"不易；道家说的"仕"是治大国如烹小鲜，以"不知有上"为追求，而不是处位抱权，分摊任务，让自己变得轻松的权术。国人多被西方"成功学"误导，用儒家的经典做自己的遮羞布。《论语》中的另外半句话更妙——"仕而优则学"。"学"是最终归途，是克己复礼、修身齐家的内敛，而不是飞扬跋扈、沾沾自喜的得意。

　　道理很简单，但是能领悟并能做到的就很少。正因此，"守护就是快乐之源"，才值得书写。